AI赋能小红书创作与运营

（全彩视频版）

中国水利水电出版社
www.waterpub.com.cn
·北京·

内 容 提 要

本书全面深入地探讨了AI技术在小红书平台上的应用与实践。全书分为10章，内容涵盖小红书与AIGC概述，小红书的账号定位、选题策划、标题打造、文案写作、图片创作、视频制作、营销推广、直播带货、引流变现等多个方面。

本书不仅详细介绍了小红书创作与运营的各个环节，还结合AI技术，提供了丰富的实战技巧和案例分析，帮助读者掌握如何利用AI技术提升内容创作效率、优化运营策略，并实现商业变现。每章配有课后实训或习题，强化学习效果。

本书包含大量的学习资源及赠送资源，随书赠送62条AI提示词、117个素材效果文件、167集教学视频演示以及227页PPT教学课件。

本书适合小红书运营从业者、内容创作者、创业者、市场营销人员、对AI技术感兴趣的初学者阅读，还可作为各大院校相关专业的教材。

图书在版编目（CIP）数据

AI赋能小红书创作与运营：全彩视频版 / 新镜界编
著. -- 北京：中国水利水电出版社, 2025. 9. -- ISBN 978-7-5226-3588-0

Ⅰ. F713.365.2-39

中国国家版本馆CIP数据核字第20252AR291号

书　　名	AI赋能小红书创作与运营（全彩视频版） AI FUNENG XIAOHONGSHU CHUANGZUO YU YUNYING (QUANCAI SHIPIN BAN)
作　　者	新镜界　编著
出版发行	中国水利水电出版社 （北京市海淀区玉渊潭南路1号D座　100038） 网址：www.waterpub.com.cn E-mail：zhiboshangshu@163.com 电话：（010）62572966-2205/2266/2201（营销中心）
经　　售	北京科水图书销售有限公司 电话：（010）68545874、63202643 全国各地新华书店和相关出版物销售网点
排　　版	北京智博尚书文化传媒有限公司
印　　刷	河北文福旺印刷有限公司
规　　格	170mm×240mm　16开本　15.25印张　322千字
版　　次	2025年9月第1版　2025年9月第1次印刷
印　　数	0001—3000册
定　　价	79.80元

凡购买我社图书，如有缺页、倒页、脱页的，本社营销中心负责调换
版权所有·侵权必究

前 言

一、写作驱动

在当今数字化与内容创作蓬勃发展的时代，小红书作为国内极具影响力的社交内容平台，已经成为众多创作者构建个人IP、品牌实现营销转化的重要平台。然而，随着平台竞争的加剧和用户需求的日益多样化，传统的内容创作和运营方式面临着诸多挑战。本书正是在这样的背景下应运而生的，旨在帮助运营者掌握前沿的技术工具，提升内容创作效率，优化运营策略，实现从内容策划到商业变现的全流程智能化升级。

在深入研究和了解读者需求的过程中，我们发现，广大运营者在小红书创作与运营领域主要面临以下3个方面的痛点。

痛点1：技术应用困难，难以有效融合

在平台竞争日益激烈的时代，AI技术的快速发展为小红书内容创作、营销推广、引流变现等带来了新的机遇。然而，许多运营者由于缺乏对AI技术的深入了解，难以将其有效融入小红书内容创作和运营流程中。

痛点2：内容同质化严重，缺乏吸引力

小红书平台构建了丰富多元的内容生态，但随着创作者数量的增加，内容同质化现象愈发严重。许多运营者在选题策划和内容创作上缺乏独特视角和创新思维，导致内容难以在海量信息中脱颖而出。

痛点3：运营策略单一，难以实现变现

小红书不仅是内容分享平台，更是品牌推广和商业变现的重要渠道。然而，许多运营者的账号运营策略单一，缺乏系统性的规划和精准的用户洞察。许多运营者虽然能够产出优质内容，但在如何将内容转化为商业价值方面却缺乏有效的策略和方法。

二、本书特色

我国要加快建设教育强国、科技强国、人才强国，坚持为党育人、为国育才，全面提高人才自主培养质量。本书正是基于这一精神，积极响应国家创新驱动发展战略，致力于培养适应新时代要求的高素质、高技能人才，并围绕以上痛点，提供了一系列创新性的解决方案，具体亮点如下。

亮点1：系统讲解AI技术应用

本书详细介绍了AI技术在小红书内容创作中的具体应用，包括文字生成、图片创作、视频制作等，帮助运营者快速掌握技术工具，提升创作效率和质量。同时，通过实际案例和操作步骤，让读者能够轻松上手，将AI技术融入小红书的日常创作中。

亮点2：创新内容与创作方法

本书提供了丰富的选题策划和创意生成方法，帮助运营者打破思维定式，提升内容的吸引力和独特性。书中不仅介绍了如何利用AI技术生成新颖的内容，还提供了丰富的创意提示词和实操案例，激发运营者的创作灵感，让运营者能够轻松创作出高质量的内容。

亮点3：全面的运营策略与变现指导

本书不仅关注内容创作，还深入探讨了小红书的运营策略和变现方法。通过系统介绍数据分析、用户画像、营销推广等内容，帮助运营者制定精准的运营策略，提升账号的影响力和变现能力。书中还结合实际案例，展示了如何利用AI技术优化营销效果，实现商业价值的最大化。

三、教学资源

本书提供的配套教学资源及数量见下表。

序号	教学资源	数量
1	素材文件	18个
2	提示词	62条
3	效果文件	99个
4	视频	167集
5	PPT课件	227页

四、获取方式

如果读者需要获取书中的教学资源，请使用微信"扫一扫"功能扫描下面二维码即可。

扫码获取教学资源

扫描下方的二维码，或者在微信公众号中搜索"设计指北"，关注公众号后发送 XHS3588 至公众号后台，即可获取本书的资源下载链接。

扫码加微信公众号

五、特别提示

（1）本书涉及的软件版本分别为：Kimi 智能助手 1.7.7 版，可灵 AI 手机版 version 1.1.30.92 版，剪映手机版 15.7.0 版，Adobe Photoshop 2022 版。

（2）本书的操作配图是实际操作时的截图，但本书从编辑到出版需要一段时间，在此期间，这些工具的版本、功能和界面可能会有变动，请读者在阅读时，根据书中的思路，举一反三，进行学习。

（3）需要注意，即使是相同的提示词，AI 工具每次生成的回复也会存在差别，因此在扫码观看教程时，读者应把更多的精力放在提示词的编写和实际操作步骤上。

（4）由于篇幅原因，AI 工具的回复内容只展示要点，详细的回复文案请查看随书提供的完整效果文件。

六、编写售后

本书由新镜界创作团队编写，团队成员有吴梦梦等，在此表示由衷的感谢。由于作者知识水平有限，书中难免存在疏漏之处，恳请广大读者批评、指正。

作　者
2025 年 6 月

目 录

前言

第 1 章 小红书与 AIGC 概述 ... 01

1.1 小红书概述 ... 02
- 1.1.1 小红书的发展历程 ... 02
- 1.1.2 小红书的发展方向 ... 06
- 1.1.3 小红书的消费人群 ... 08
- 1.1.4 小红书的平台优势 ... 09

1.2 AIGC 概述 ... 10
- 1.2.1 AIGC 的定义 ... 10
- 1.2.2 AI 与 AIGC 的关系 ... 11
- 1.2.3 AIGC 的核心技术 ... 12

1.3 AIGC 在小红书内容创作中的应用 ... 13
- 1.3.1 创作文字内容 ... 13
- 1.3.2 生成图像效果 ... 15
- 1.3.3 生成视频内容 ... 17
- 1.3.4 分析账号数据 ... 18

本章小结 ... 19
课后实训 ... 19

第 2 章 小红书的账号定位 ... 21

2.1 小红书账号的定位技巧 ... 22
- 2.1.1 账号定位的概念 ... 22
- 2.1.2 账号定位前的 4 个关键问题 ... 23
- 2.1.3 账号定位的 4 个注意事项 ... 25
- 2.1.4 账号定位 7 步法 ... 26

2.2 小红书平台的运营规则 ... 29
- 2.2.1 品牌合伙人规则 ... 30
- 2.2.2 账号降权规则 ... 33
- 2.2.3 账号限流规则 ... 34

2.3 使用 AIGC 助力小红书账号定位 ... 34

2.3.1 Kimi 工具介绍 ………………………………………… 34
2.3.2 AIGC 解析行业定位 …………………………………… 36
2.3.3 AIGC 挖掘用户定位 …………………………………… 38
2.3.4 AIGC 赋能内容定位 …………………………………… 38
2.3.5 AIGC 助力商品定位 …………………………………… 41
本章小结 ……………………………………………………………… 42
课后实训 ……………………………………………………………… 42

第 3 章 小红书的选题策划 …………………………………… 44

3.1 小红书选题的策划内容 ……………………………………… 45
3.1.1 选题概述 ……………………………………………… 45
3.1.2 选题标准 ……………………………………………… 46
3.1.3 选题方法 ……………………………………………… 46
3.1.4 积累选题 ……………………………………………… 47

3.2 小红书选题的方向 …………………………………………… 52
3.2.1 参考热门话题 ………………………………………… 52
3.2.2 注重关键词 …………………………………………… 60

3.3 使用 AIGC 辅助小红书运营者策划选题 …………………… 62
3.3.1 提示词输入与关键词分析 …………………………… 62
3.3.2 角色扮演与场景化选题 ……………………………… 64
3.3.3 AIGC 小红书系列化选题 ……………………………… 65
3.3.4 AIGC 小红书多样化选题 ……………………………… 66

本章小结 ……………………………………………………………… 67
课后实训 ……………………………………………………………… 67

第 4 章 小红书的标题打造 …………………………………… 68

4.1 小红书标题的写作技巧 ……………………………………… 69
4.1.1 标题创作的原则 ……………………………………… 69
4.1.2 标题的作用 …………………………………………… 69
4.1.3 加入符号和助词 ……………………………………… 70
4.1.4 使用关键词 …………………………………………… 71

4.2 小红书标题的 AIGC 提示词编写技巧 ……………………… 71
4.2.1 提示词的编写原则 …………………………………… 72
4.2.2 提示词的编写技巧 …………………………………… 74
4.2.3 拆解爆款标题的提问步骤 …………………………… 76
4.2.4 提示词的注意事项 …………………………………… 79

4.3 使用 AIGC 生成小红书标题 ······ 79
4.3.1 生成数字型标题 ······ 79
4.3.2 生成热点型标题 ······ 80
4.3.3 生成对比型标题 ······ 82
4.3.4 生成"十大"型标题 ······ 82
4.3.5 生成好奇型标题 ······ 83
4.3.6 生成论述观点型标题 ······ 84
4.3.7 生成选择型标题 ······ 86
4.3.8 生成网络词汇型标题 ······ 86

本章小结 ······ 87
课后实训 ······ 87

第 5 章 小红书的文案写作 ······ 89

5.1 小红书文案的写作要点 ······ 90
5.1.1 遵守文案原则 ······ 90
5.1.2 知晓爆款文案的特征 ······ 91
5.1.3 爆款文案的创作注意事项 ······ 93

5.2 小红书文案的创作技巧 ······ 94
5.2.1 明确卖点 ······ 94
5.2.2 理清结构 ······ 95
5.2.3 分析模板 ······ 95
5.2.4 保持个性化 ······ 95

5.3 小红书文案的 AIGC 提示词编写技巧 ······ 96
5.3.1 明确目标 ······ 96
5.3.2 追求质量 ······ 98
5.3.3 采用自然语言 ······ 98
5.3.4 示例和引导 ······ 99
5.3.5 问题引导 ······ 100
5.3.6 丰富细节 ······ 101
5.3.7 融合语境 ······ 101
5.3.8 角色定位 ······ 102

5.4 使用 AIGC 辅助小红书文案写作 ······ 103
5.4.1 生成美妆带货类文案 ······ 103
5.4.2 生成时尚穿搭类文案 ······ 104
5.4.3 生成旅行攻略类文案 ······ 105
5.4.4 生成情感故事类文案 ······ 105

- 5.4.5 生成美食推荐类文案 ········· 106
- 5.4.6 生成萌宠趣事类文案 ········· 107
- 5.4.7 生成职场面试技巧类文案 ········· 108

本章小结 ········· 109

课后实训 ········· 109

第 6 章 小红书的图片创作 ········· 111

6.1 小红书图片的拍摄技巧 ········· 112
- 6.1.1 注重采光问题 ········· 112
- 6.1.2 重视画面构图 ········· 112
- 6.1.3 调整拍摄角度 ········· 113

6.2 小红书封面图片的设计要点 ········· 115
- 6.2.1 封面图片的尺寸 ········· 115
- 6.2.2 封面图片的表现形式 ········· 116
- 6.2.3 封面图片的注意事项 ········· 119

6.3 小红书 AI 图片生成的提示词技巧 ········· 121
- 6.3.1 构图提示词 ········· 121
- 6.3.2 摄影提示词 ········· 122
- 6.3.3 细节提示词 ········· 123
- 6.3.4 风格提示词 ········· 124
- 6.3.5 出图提示词 ········· 125

6.4 使用即梦 AI 创作小红书图片 ········· 126
- 6.4.1 以文生图：生成美食图片 ········· 127
- 6.4.2 调整参数：生成产品图片 ········· 129
- 6.4.3 以图生图：生成人物图片 ········· 130
- 6.4.4 参考景深：生成风景图片 ········· 132

本章小结 ········· 134

课后实训 ········· 134

第 7 章 小红书的视频制作 ········· 136

7.1 小红书视频的拍摄技巧 ········· 137
- 7.1.1 拍摄工具 ········· 137
- 7.1.2 视频画面 ········· 138
- 7.1.3 构图选择 ········· 140
- 7.1.4 镜头角度 ········· 144

         7.1.5　运镜技巧 ·· 145
　7.2　小红书视频的后期处理 ······································ 147
         7.2.1　分割和删除视频 ······································ 148
         7.2.2　添加背景音乐 ·· 150
         7.2.3　添加转场效果 ·· 151
         7.2.4　调节参数为画面调色 ·································· 153
         7.2.5　添加文字模板 ·· 155
　7.3　使用可灵 AI 生成小红书短视频 ······························ 156
         7.3.1　文本生成视频 ·· 157
         7.3.2　图片生成视频 ·· 159
　7.4　使用剪映生成小红书短视频 ·································· 161
         7.4.1　文本生成视频 ·· 161
         7.4.2　图片生成视频 ·· 162
本章小结 ·· 164
课后实训 ·· 164

第 8 章　小红书的营销推广 ································ 166

　8.1　小红书的推广优势 ·· 167
         8.1.1　智能分析 ·· 167
         8.1.2　精准投放 ·· 167
         8.1.3　品质输出 ·· 169
         8.1.4　突破圈层 ·· 169
         8.1.5　团队协作 ·· 169
　8.2　小红书的推广方式 ·· 170
         8.2.1　素人笔记 ·· 170
         8.2.2　KOL 推广 ·· 171
         8.2.3　笔记排名优化 ·· 173
         8.2.4　广告投放 ·· 174
         8.2.5　品牌号营销 ·· 175
         8.2.6　品牌合作人 ·· 176
　8.3　小红书的 3 个种草营销技巧 ·································· 176
         8.3.1　小红书文章种草 ······································ 176
         8.3.2　小红书图片种草 ······································ 178
         8.3.3　小红书视频种草 ······································ 179
　8.4　使用 AIGC 助力小红书营销推广 ······························ 180
         8.4.1　使用 AIGC 分析产品优势 ······························· 181

ix

　　　　8.4.2　使用 AIGC 制定营销方案 　182
　　　　8.4.3　使用 AIGC 制定广告投放策略　183
　本章小结　184
　课后实训　184

第 9 章　小红书的直播带货　186

9.1　小红书的直播模式　187
　　9.1.1　小红书直播的基本概况　187
　　9.1.2　小红书带货与其他平台的区别　190
　　9.1.3　直播带货的注意事项　192

9.2　小红书的直播带货艺术　193
　　9.2.1　提升语言魅力　193
　　9.2.2　使用语言技巧　194
　　9.2.3　营造带货氛围　195
　　9.2.4　掌握销售心得　196
　　9.2.5　掌握带货技巧　197
　　9.2.6　掌握促单技巧　198

9.3　使用 AIGC 助力小红书直播带货　199
　　9.3.1　预测直播主题和话题　199
　　9.3.2　使用 AIGC 优化直播标题文案　199
　　9.3.3　使用 AIGC 辅助生成直播脚本　201
　　9.3.4　使用 AI 助力分析直播用户　201
　　9.3.5　使用 AIGC 助力小红书数字人直播　202

　本章小结　203
　课后习题　204

第 10 章　小红书的引流变现　205

10.1　小红书的养号技巧　206
　　10.1.1　什么是小红书养号　206
　　10.1.2　哪几个阶段需要养号　206
　　10.1.3　如何养号　207

10.2　小红书的引流技巧　208
　　10.2.1　使用账号信息引流　208
　　10.2.2　注重品牌打造　208
　　10.2.3　借助打卡功能引流　209

	10.2.4	置顶笔记引流 ……………………………………	210
	10.2.5	利用图片引流 ……………………………………	210
	10.2.6	利用私信引流 ……………………………………	210
	10.2.7	利用个人品牌词引流 ……………………………	211
	10.2.8	利用评论引流 ……………………………………	213
10.3	小红书的变现渠道 ……………………………………………		214
	10.3.1	品牌合作 …………………………………………	215
	10.3.2	直播变现 …………………………………………	216
	10.3.3	推广合作 …………………………………………	217
	10.3.4	品牌变现 …………………………………………	218
10.4	使用 AIGC 助力小红书引流 …………………………………		218
	10.4.1	原创内容引流 ……………………………………	218
	10.4.2	AI 表情包引流 ……………………………………	219
	10.4.3	评论功能引流 ……………………………………	219
	10.4.4	AI 互动回复引流 …………………………………	220
10.5	使用 AIGC 助力小红书变现 …………………………………		220
	10.5.1	小红书图文号变现 ………………………………	221
	10.5.2	小说推广号运营变现 ……………………………	222
	10.5.3	头像壁纸号运营变现 ……………………………	223
	10.5.4	出售 AI 绘画作品 …………………………………	224
	10.5.5	出售 AI 绘画教程 …………………………………	225
	10.5.6	直播间卖货变现 …………………………………	227
	10.5.7	直播间打赏变现 …………………………………	228
	10.5.8	直播导流线下变现 ………………………………	229

本章小结 ……………………………………………………………… 229
课后习题 ……………………………………………………………… 230

小红书与AIGC概述

第 1 章

  在智能时代的浪潮中，随着人工智能（Artificial Intelligence，AI）技术的快速发展，人工智能生成内容（Artificial Intelligence Generated Content，AIGC）与小红书的结合，不仅为用户带来了全新的互动体验，也为内容创作与分享提供了无限可能。本章将深入探讨AIGC在小红书内容创作中的应用，帮助小红书运营者提升效率、创新表达。

1.1　小红书概述

小红书，作为一个充满活力的社交电商平台，以其独特的 UGC（User Generated Content，用户生成内容）模式为核心，构建了一个集分享、购物与社交于一体的多元化社区。

用户可以在平台上分享自己的生活经验，涵盖美食、美妆、旅游等多个领域，并通过图文、短视频等多种形式展示自己的个性和生活方式。同时，用户可以直接在平台上购买所分享的商品，形成"种草—拔草"的完美闭环模式。本节将介绍小红书的基本概况，包括小红书的发展历程、发展方向、消费人群以及平台优势等内容。

1.1.1　小红书的发展历程

小红书的创始人曾说过："未来小红书也许不会再是现在的样子，但它一定会取得成功。"如今，小红书已经走过了许多个春秋，成为近几年崛起的明星互联网平台之一。

小红书一直都在关注市场的变化，不断改变发展战略，以便能够更好地服务用户。从 2013 年到现在，小红书共经历了以下 3 个发展阶段。

1. 小红书 1.0

在早期阶段，海外购物信息分享领域几乎是一片空白，大多是靠人们口耳相传，并没有相关的平台，因此小红书的两位创始人便抓住了这个机遇，在上海创办了小红书。最初，小红书的产品形态还是一份名字为《小红书出境购物攻略》的 PDF 文件，如图 1.1 所示。

图 1.1　小红书 PDF 文件

但是，在 2013 年，随着移动互联网的崛起，几乎所有的互联网企业都开始加速移动互联网方面的布局。基于这一市场情况，两位小红书创始人也迅速做出调整，带领团队上线了主打海外购物分享的小红书 App。

在小红书 App 上，用户可以尽情地分享自己的境外购物心得，包括产品的详细信息，如产品的品牌、价格、购买地点和使用心得等。

在此期间，两位创始人还做出了一项最重要的决策，即使用 UGC 模式。图 1.2 所示为 UGC 的 3 个核心要素。

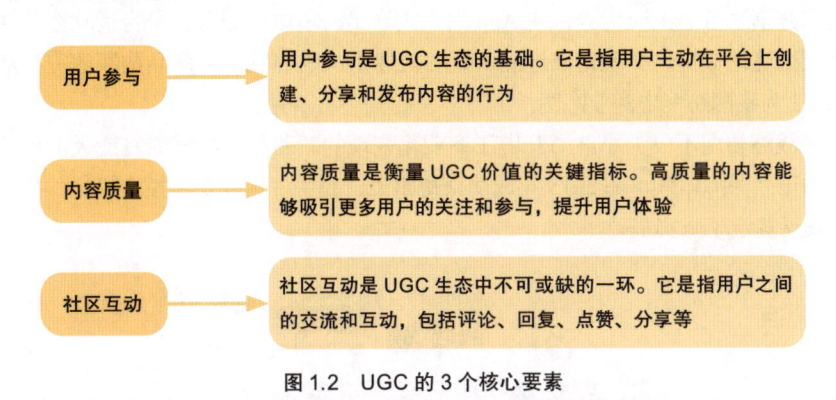

用户参与	用户参与是 UGC 生态的基础。它是指用户主动在平台上创建、分享和发布内容的行为
内容质量	内容质量是衡量 UGC 价值的关键指标。高质量的内容能够吸引更多用户的关注和参与，提升用户体验
社区互动	社区互动是 UGC 生态中不可或缺的一环。它是指用户之间的交流和互动，包括评论、回复、点赞、分享等

图 1.2 UGC 的 3 个核心要素

▶ **专家提醒**

UGC 即用户生成内容，是指由普通用户创作并公开发布在互联网上的各种形式的内容，包括但不限于文字、图片、音频、视频等，是 Web2.0 时代兴起的一种用户使用互联网的新方式。

UGC 是小红书发展过程中一个重要的产品决策，小红书之后的发展过程始终贯穿了"分享美好"这一理念。

小红书发布 PDF 版本和上线手机 App 时都赶上了高峰节点，在国庆节期间，小红书平台积累了第一批用户，初步打开了市场。2014 年春节期间，许多出境旅游的人，在应用商店搜索海外购物相关软件时，小红书便会出现。

小红书成功地实现了用户积累，在春节期间没有任何推广，小红书就凭着精准的市场定位和差异化的内容，迎来了首次用户爆发式增长。

与之而来的还有社区中其他内容的增加。小红书最初是做海外购物信息分享的，但随着用户的增长，旅游类、美食类的内容也在增加，这促使两位创始人开始思考是否将海外购物延展到其他品类，是否在平台中引入代购。

最终，两位创始人认为，小红书仍处在发展的初期，应聚焦于内容和品牌建设。因此，小红书在这一阶段，仍然只做海外购物类的内容。小红书还要求社区用户必须是"真实"的消费者，不允许代购加入。为此，小红书还特意设计了一个系统，将不相关的信息隐藏起来。

2. 小红书 2.0

做"真实"用户的购物分享，使小红书中用户分享的内容更加真实、精准。基于这一理念，小红书成了专业的海外购物分享社区，并在业内声名鹊起，越来越多的用户被吸引进小红书。但是，此时的小红书只能看不能买，小红书成为用户海外购物、线下门店消费以及其他电商平台购物决策的重要参考平台。

鉴于小红书流量巨大，很多企业都想在小红书社区投放广告，但是小红书并没有开放广告业务，而是选择了更为艰难却符合用户需求的发展路径——电商。

正值跨境电商快速发展的风口期，小红书敏锐把握这一市场机遇，充分发挥其海外购物信息分享平台的先天优势，在App内正式推出跨境电商服务。平台运营团队通过深度分析社区笔记数据，实现精准选品，成功构建了从内容发现到商品购买的完整消费闭环。图1.3为我国跨境电商业态图。

这一战略转型不仅为小红书开辟了商业化变现的新路径，更凭借其庞大的优质流量和严格的正品保障体系，在2015年成功获得腾讯、元生资本等知名投资机构的战略投资，为后续发展奠定了坚实基础。

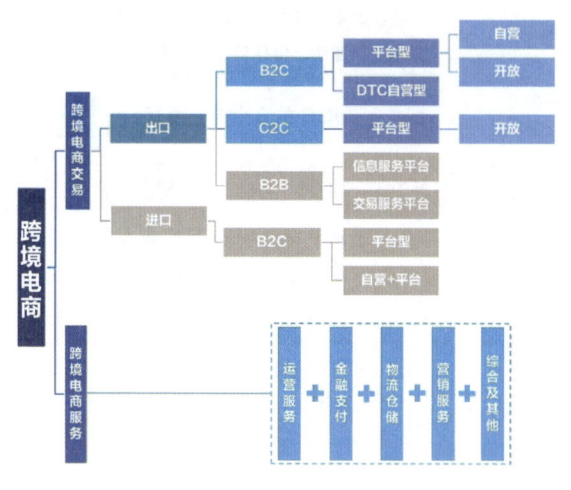

图1.3 我国跨境电商业态图

▶ 专家提醒

B2C即企业对消费者，是指通过互联网和电子数据信息的方式实现企业或商家与消费者之间的交易；B2B即企业对企业，是指企业间的商业交易模式，涵盖产品、服务及信息的交换；C2C即消费者对消费者，是指个人之间通过网络平台进行交易活动。

在开创初期，小红书专注于做海外购物信息的分享，目的是聚焦内容以及品牌建设，进而吸引更加精准的用户，并给用户留下一个专业的印象，在做好海外购物信息分享后，便可以筹划更大的发展空间。

根据市场需求，小红书开始拓展其分享内容，从海外购物分享延伸到美食、旅游、学习、育儿等各类分享，并引进算法推荐机制，这使小红书从一个海外购物分享平台，转变为一个吸引众多年轻人的生活分享平台和消费决策平台。

与此同时，在这一阶段小红书实现了向综合电商的转变，通过引进国内的知名品牌和第三方商家，形成了自营与平台相结合的电商模式。这种模式一方面增加了产品的种类，另一方面也降低了自营带来的囤货风险。

3. 小红书3.0

2018年，小红书的用户数量已经超过了1.5亿个，并且完成了财务融资，公司估值超过了30亿美元，小红书开始了社区商业化的探索。2018年12月，小红书上线了品牌合作人平台，该平台是为了方便品牌与小红书博主之间的联系，如图1.4所示。

图1.4 小红书品牌合作人平台

2018年，小红书还在上海开办了两家线下商店，并参加了首届中国国际进口博览会，成为上海交易团成员。

2019年年初，小红书的用户数量就突破了2亿个。小红书开始进行新一轮的组织升级，目的是更好地匹配小红书在广告与整合营销服务领域的战略进化。同年11月，小红书推出了创作者123计划，该计划提供了品牌合作平台、好物推荐平台和互动直播3种平台，从创作者中心、运营活动、产品功能等3个方面来助力创作者。

2020年年初，小红书App上线"创作者中心"。用户在小红书"我"的界面中点击 ▇ 按钮，如图1.5所示。然后，在菜单栏中点击"创作者中心"按钮，如图1.6所示，便可进入"创作者中心"界面。

图1.5 点击 ▇ 按钮　　　　图1.6 点击"创作者中心"按钮

05

2021年4月，为了更好地规范小红书平台，保障平台的长久发展，小红书发布了《社区公约》，如图1.7所示。《社区公约》主要用于规范社区用户的行为，2021年4月12日开始生效。

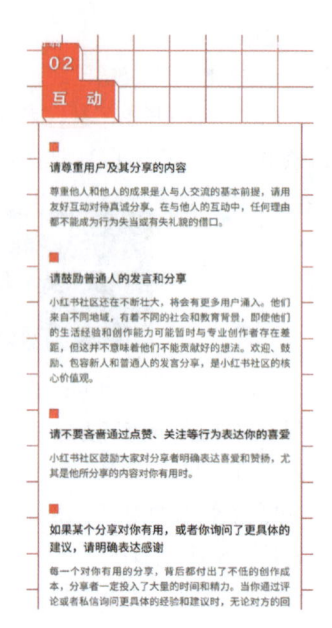

图1.7　小红书《社区公约》(部分)

1.1.2　小红书的发展方向

小红书的发展方向主要是行业扩展、产品基建、生态开放3个方向。下面对这3个发展方向进行详细介绍。

1. 行业扩展

小红书的行业扩展方式主要有两种：从消费品向多行业扩展和满足多行业商家需求。

（1）从消费品向多行业扩展。小红书起初在美妆、时尚等消费品领域有着出色的表现，但随着用户需求的多样化和平台影响力的提升，小红书开始将目光投向更广泛的行业。特别是生活服务类行业，如出行、家装等，这些行业在小红书的增速尤为显著，成为推动平台发展的重要力量。

（2）满足多行业商家需求。小红书通过优化平台功能和服务，以满足不同行业商家的需求，提升商家的运营效率和销售转化率。例如，针对生活服务类行业，小红书提供了更精准的投放策略和度量工具，帮助商家更好地触达目标用户并实现销售转化。

2. 产品基建

产品基建是小红书发展的核心支撑。小红书在持续强化商业产品能力方面，重点聚焦优化种草投放、提高投放质量能力、直接交付客户生意线索3大方向，图1.8所示为产品基建的3大方向。

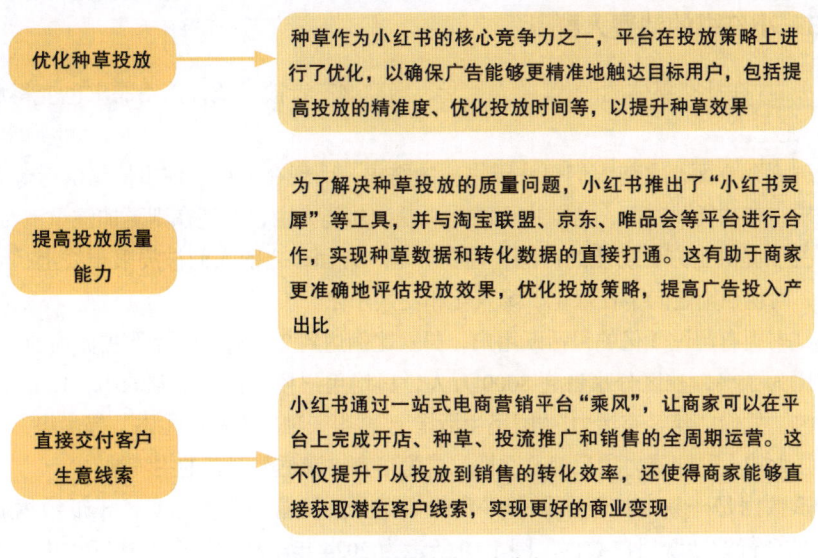

| 优化种草投放 | → | 种草作为小红书的核心竞争力之一，平台在投放策略上进行了优化，以确保广告能够更精准地触达目标用户，包括提高投放的精准度、优化投放时间等，以提升种草效果 |

| 提高投放质量能力 | → | 为了解决种草投放的质量问题，小红书推出了"小红书灵犀"等工具，并与淘宝联盟、京东、唯品会等平台进行合作，实现种草数据和转化数据的直接打通。这有助于商家更准确地评估投放效果，优化投放策略，提高广告投入产出比 |

| 直接交付客户生意线索 | → | 小红书通过一站式电商营销平台"乘风"，让商家可以在平台上完成开店、种草、投流推广和销售的全周期运营。这不仅提升了从投放到销售的转化效率，还使得商家能够直接获取潜在客户线索，实现更好的商业变现 |

图 1.8　产品基建的 3 大方向

3. 生态开放

小红书生态开发的 3 种方式如图 1.9 所示。

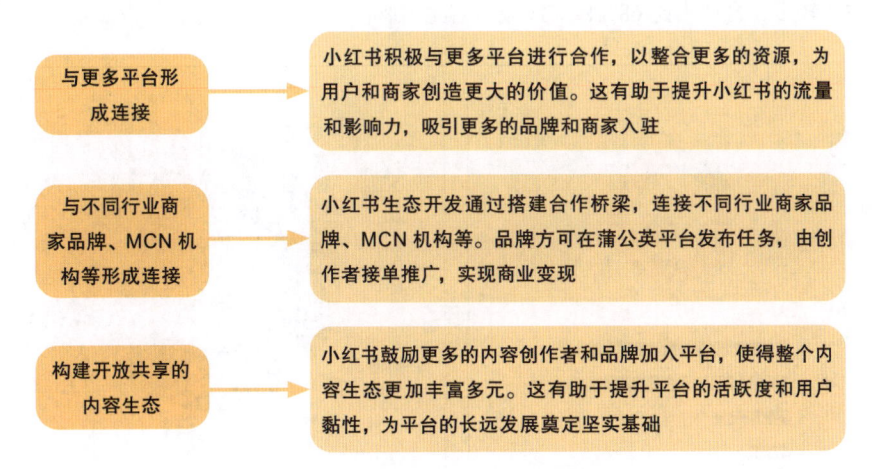

| 与更多平台形成连接 | → | 小红书积极与更多平台进行合作，以整合更多的资源，为用户和商家创造更大的价值。这有助于提升小红书的流量和影响力，吸引更多的品牌和商家入驻 |

| 与不同行业商家品牌、MCN 机构等形成连接 | → | 小红书生态开发通过搭建合作桥梁，连接不同行业商家品牌、MCN 机构等。品牌方可在蒲公英平台发布任务，由创作者接单推广，实现商业变现 |

| 构建开放共享的内容生态 | → | 小红书鼓励更多的内容创作者和品牌加入平台，使得整个内容生态更加丰富多元。这有助于提升平台的活跃度和用户黏性，为平台的长远发展奠定坚实基础 |

图 1.9　小红书生态开发的 3 种方式

当用户在小红书上分享自己的消费体验后，通过互动种草，激发其他用户到线下体验，而这些用户在体验后会回到小红书进行更多的线上分享，这就形成一个循环，从而吸引更多的新用户进入平台。

在过去几年，有很多品牌在小红书上成长起来。如今，小红书也成为促进消费的主要阵地。

综上所述，小红书的发展方向体现了其在商业化道路上的不断探索和创新。通过行业扩展、产品基建和生态开放等举措，有望进一步提升小红书平台的竞争力和影响力，为用户和商家创造更多的价值。

1.1.3 小红书的消费人群

在社交媒体的时代,"人、货、场"这三者被重塑,消费需求也变得更加多元化。

在"人"方面,之前人们更注重物质的需求,而现在则更加注重情绪价值等方面的隐性需求;在"货"方面,之前主要注重以基础功能为主,而现在则更加注重消费体验,注重那些能提供全方位功能的产品;而在"场"方面,之前人们被局限于线上、线下的消费端,而现在则走向了社媒化、场景化和泛娱乐化。

小红书拥有超过3亿的月活跃用户,男女比例达到2∶8,"95后"占比为50%,"00后"占比为35%,社区分享者超8000万人,日均用户搜索渗透达到60%,UGC内容占比达90%。凭借"年轻有活力""国民生活指南""得天独厚的社区生态"等优势,小红书展现出强大的人群穿透力和品牌普适性,成为培育、渗透消费者的主阵地。

千瓜数据是一款专注于小红书平台的数据分析及营销服务工具,千瓜数据调研了2024年的全行业活跃用户数据。图1.10所示为2024年小红书平台的活跃用户的性别分布和年龄分布,图1.11所示为2024年小红书平台活跃用户的城市等级分布。性别分布中,小红书的女性活跃用户占比79.13%,男性占比20.87%;年龄分布中,18~24岁占比39.21%,25~34岁占比38.65%,两者占比较多;城市等级分布中,一线城市、新一线城市占比较多,合计占比68%,二线城市占比16%。

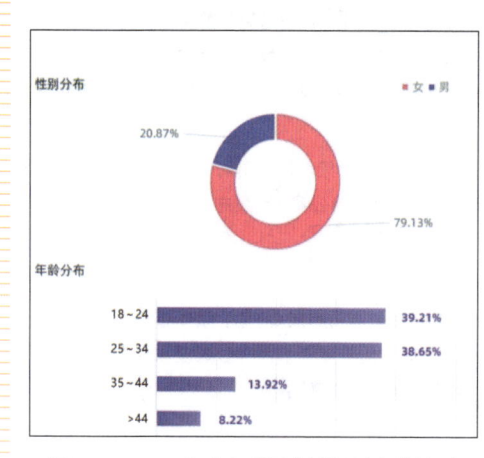

图1.10 2024年小红书平台活跃用户的性别分布和年龄分布

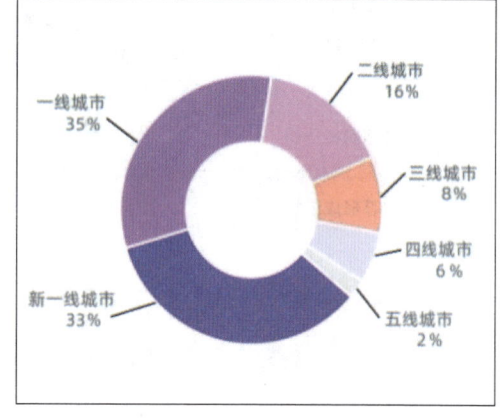

图1.11 2024年小红书平台活跃用户的城市等级分布

根据千瓜的数据分析可以得知,小红书的主要活跃用户仍为一线、二线城市的青年女性;同时,除了25岁以下的轻龄人群,25~34岁的青年人群也是小红书的中坚力量。这些活跃人群,他们热爱生活、消费能力强,购物选择与其分享互动行为深度绑定,推动着消费结构与消费市场的变化。

下面将介绍小红书的4种主要消费人群。

1. 大学生和初入职场的毕业生

从图1.10中可以看出,小红书中最为活跃用户的年龄段是18~24岁,这个年龄段的用户一般是大学生和初入职场的毕业生，因此普遍比较关注护肤、穿搭和教育方面的内容。

2. 职场人

25～34岁的用户一般是职场人，因此普遍会关注与职场有关的，或者是穿搭类的内容。

3. 宝妈

在35～44岁的用户群体中，许多用户已经结婚并有了孩子，成了宝妈，该用户群一般比较关注婴儿食品、用品等。因此，宝妈也是小红书比较核心的用户人群之一。

4. 单身用户

单身用户也是小红书中比较主要的用户人群。一般来说，作为单身用户，通常会关注护肤、室内设计、保健类内容。这类用户更加注重自身和住房环境，一个好的住房环境往往能够让单身用户觉得身心放松。

根据以上分析可以得知，小红书平台的用户大多为18～44岁的女性用户，这些用户通常都比较喜欢美妆类、穿搭类和护肤类内容，因此在小红书上，这些内容的笔记相对比较多。

1.1.4 小红书的平台优势

与其他同类型的平台相比，小红书能够迅速发展，主要有以下几种优势。

1. 紧跟市场，不断优化

小红书的优势在于它能够敏锐地洞察到市场的动向，并且根据市场的变化及时做出反应，且快速地调整并优化自身的商业模式和业务等，从而实现利益的最大化。

自成立以来，小红书从最初的美妆个护等海外商品的购物分享，转变到海淘电商再到现在的以短视频、图文为主要形式的商业模式，顺应了时代的发展，紧密贴合了时代的需求。

2. 用户群体年轻化、基数大

小红书中"90后"和"00后"的用户较多，用户年龄相对年轻，思想也较为开放，容易接受新事物、新思想，消费的欲望也比较强烈。

3. 内容优质且丰富多样

小红书一般会收录并推送一些质量较好的笔记，给查询人做参考。小红书中的视频都会显示播放量，用户可以根据播放量进行考量。

小红书不仅有穿搭、美食、发型等内容，还有影视、摄影、绘画等内容，能够满足用户的各种需求，图1.12所示为小红书的内容频道。

4. 社交功能强大

小红书的社交功能也很强大，在用户发布的笔记下，其他用户可以进行评论，互动性强，用户之间的黏性也很强，关联度高。图1.13所示为小红书用户评论。通过平台里真实用户的分享、推荐，能够增强用户对推荐商品的信任度，激发购买欲望。

图 1.12　小红书的内容频道　　　　　图 1.13　小红书用户评论

1.2　AIGC 概述

在信息爆炸的时代，小红书的发展对内容创作与传播方式提出了更高的要求，而传统模式已难以跟上快速变化的市场节奏。随着 AI 技术的飞速发展，AIGC 成为小红书创作与运营中不可忽视的核心力量。通过 AI 技术的应用，小红书能够更精准地理解用户需求，推荐个性化内容，从而开启智能时代的新篇章。本节将探讨 AIGC 的定义、AI 与 AIGC 的关系、AIGC 的核心技术。

1.2.1　AIGC 的定义

AIGC 即人工智能生成内容，是指利用人工智能技术自动生成各种形式的内容，包括但不限于文本、图像、音频和视频等。这一过程通常涉及深度学习模型对大量现有数据的学习，以模仿人类创作过程，从而根据特定要求或输入条件创作出新的内容。

AIGC 技术的出现，标志着人工智能在内容创作领域取得了重要进展，使机器能够模拟人类的创造性思维，生成具有一定质量和创意的内容。

AIGC 的应用场景非常广泛，涵盖了媒体、广告、娱乐、教育等多个领域。在媒体领域，AIGC 可以用于生成新闻报道、文章摘要等内容；在广告领域，AIGC 可以生成吸引人的广告文案和图像，提高广告的点击率和转化率；在娱乐领域，AIGC 可以生成音乐、游戏内容等，为用户带来全新的娱乐体验；在教育领域，AIGC 可以生成个性化的学习材料和教学资源，帮助用户更好地理解和掌握知识。

然而，AIGC 技术的发展也带来了一些挑战和问题。例如，如何确保生成的内容的真实性和准确性，如何保护原创作者的权益，以及如何平衡人工智能和人类在内容创作中的角色关系等。在推动 AIGC 技术发展的同时，必须加强监管和规范，确保 AIGC 技术的健康、可持续发展。

总的来说，AIGC 作为人工智能技术的一个重要应用方向，具有巨大的潜力和发展前景。随着技术的不断进步和应用场景的不断拓展，AIGC 将在更多领域发挥重要作用，为人类创造更大的价值。

1.2.2 AI 与 AIGC 的关系

AI 是指由人制造出来的具有一定智能的系统，它能够理解环境、学习知识、推理解决问题，并在特定情境下做出决策或执行任务。它涵盖了机器学习、深度学习、自然语言处理（Natural Language Processing，NLP）等多个领域，是一门通过理论、方法和技术的创新来模拟、延伸和扩展人类智能的综合技术学科。

AI 与 AIGC 之间存在紧密的关联，可以说 AIGC 是 AI 技术发展和应用的一个重要方向，它们相互促进、共同发展，为现代社会的信息化和智能化进程注入了强大的动力。AI 与 AIGC 之间的关系如图 1.14 所示。

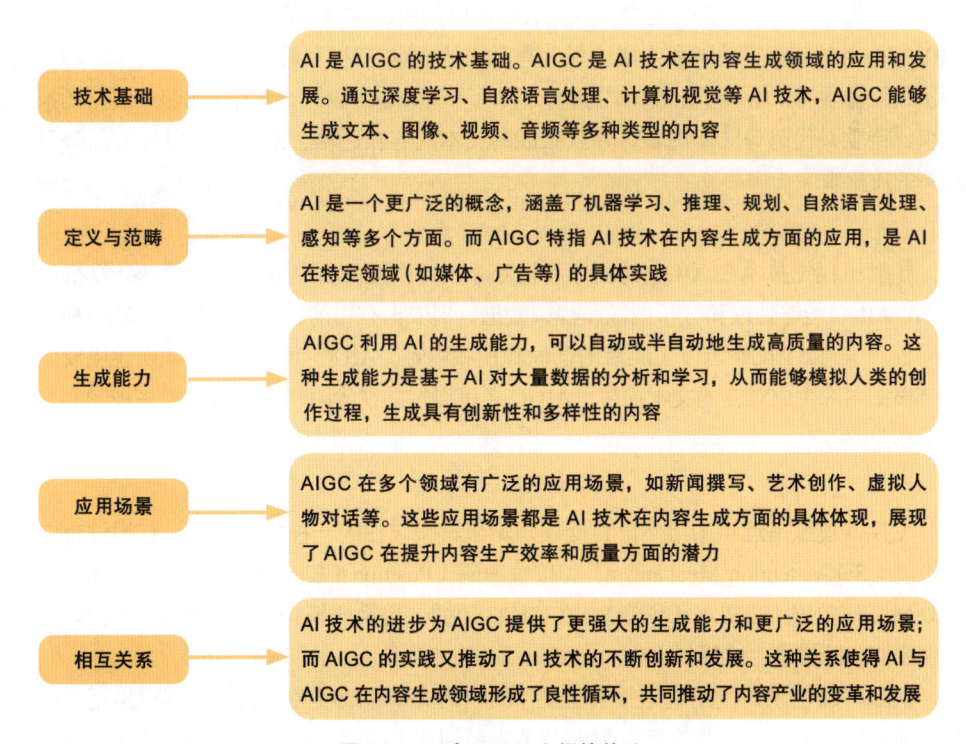

技术基础	AI 是 AIGC 的技术基础。AIGC 是 AI 技术在内容生成领域的应用和发展。通过深度学习、自然语言处理、计算机视觉等 AI 技术，AIGC 能够生成文本、图像、视频、音频等多种类型的内容
定义与范畴	AI 是一个更广泛的概念，涵盖了机器学习、推理、规划、自然语言处理、感知等多个方面。而 AIGC 特指 AI 技术在内容生成方面的应用，是 AI 在特定领域（如媒体、广告等）的具体实践
生成能力	AIGC 利用 AI 的生成能力，可以自动或半自动地生成高质量的内容。这种生成能力是基于 AI 对大量数据的分析和学习，从而能够模拟人类的创作过程，生成具有创新性和多样性的内容
应用场景	AIGC 在多个领域有广泛的应用场景，如新闻撰写、艺术创作、虚拟人物对话等。这些应用场景都是 AI 技术在内容生成方面的具体体现，展现了 AIGC 在提升内容生产效率和质量方面的潜力
相互关系	AI 技术的进步为 AIGC 提供了更强大的生成能力和更广泛的应用场景；而 AIGC 的实践又推动了 AI 技术的不断创新和发展。这种关系使得 AI 与 AIGC 在内容生成领域形成了良性循环，共同推动了内容产业的变革和发展

图 1.14 AI 与 AIGC 之间的关系

1.2.3 AIGC 的核心技术

AIGC 的核心技术包括深度学习、生成对抗网络（Generative Adversarial Networks，GAN）、自然语言处理、计算机视觉（Computer Vision，CV）、变换器（Transformers）模型、多模态生成技术等，这些技术的发展和应用为 AIGC 的广泛应用提供了有力的支持。下面对这 6 个核心技术进行介绍。

1. 深度学习

深度学习是 AIGC 技术的基石。通过神经网络结构，如卷积神经网络（Convolutional Neural Network，CNN）、循环神经网络（Recurrent Neural Network，RNN）等，深度学习模型能够处理复杂的非线性关系，从大量数据中提取有用信息，实现内容的自动生成。

经过大量数据的训练，深度学习模型能够学习数据的内在规律和特征，进而生成与训练数据相似的内容。

2. 生成对抗网络

生成对抗网络即 GAN，是 AIGC 技术的另一个关键技术。GAN 由生成器和鉴别器两个部分组成，这两个部分在训练过程中相互对抗，不断优化，使生成器能够生成越来越逼真的内容。GAN 在图像和视频生成方面尤为出色，能够生成高质量的图像和视频内容。

3. 自然语言处理

自然语言处理是 AIGC 处理文本生成和理解的关键技术。通过预训练模型（如 BERT、GPT 等），AIGC 能够理解和生成连贯、有意义的文本。这些模型在大规模文本数据中进行了无监督学习，掌握了语言的内在规律和上下文关系。因此，AIGC 能够生成新闻报道、故事、诗歌、代码等文本内容，并且生成的文本内容在语法、语义和连贯性方面都具有较高的质量。

4. 计算机视觉

计算机视觉技术在 AIGC 的图像和视频生成方面发挥着重要作用。通过计算机视觉技术，AIGC 能够处理和分析图像和视频数据，提取出有用的特征和信息。然后，利用这些特征和信息，AIGC 可以生成新的图像和视频内容。AIGC 可以根据文本描述生成图像，或者根据图像生成对应的文本描述。AIGC 还可以辅助视频编辑和剪辑，提高视频制作的质量和效率。

5. 变换器模型

变换器模型是近年来自然语言处理领域最具突破性的一种模型结构。它通过自注意力机制（Self-Attention Mechanism）和位置编码（Positional Encoding）等技术，能够高效地处理序列数据（如文本和语音）。在 AIGC 领域，变换器模型被广泛应用于文本生成、图像生成和跨模态生成等任务中。

例如，GPT 系列模型就是基于变换器结构的文本生成模型，它们能够根据用户的指令生成高质量的社交媒体文案，帮助营销人员创作引人入胜的营销文案。又如，变换器结构也被应用于客户服务自动化，聊天机器人能够通过自然对话生成个性化的回复，提升用户体验和服务效率。

6. 多模态生成技术

多模态生成技术是 AIGC 领域研究的新兴方向。它旨在实现文本、图像、音频、视频等多种模态内容的融合生成。通过多模态生成技术，AIGC 可以根据用户输入的内容或需求，生成符合用户期望的跨模态内容。

例如，用户可以通过输入文本描述来生成对应的图像或视频内容，或者通过输入图像来生成对应的文本描述或音频内容。这种跨模态生成的能力使 AIGC 在多个领域都具有广泛的应用前景。在新媒体运营中，AIGC 还能根据用户输入的文章主题自动生成相关的图像、配乐和短视频，以提升内容的视觉和听觉体验，使内容更具传播性和吸引力，从而提升社交媒体营销的效果。

1.3　AIGC 在小红书内容创作中的应用

在新媒体时代，AIGC 技术正以前所未有的速度和方式改变内容创作的生态。AIGC 技术不仅显著提高了创作效率，还开辟了新的创作路径，为小红书内容创作注入了新的活力，此外也为小红书运营者开辟了增收的新渠道。

本节将探讨 AIGC 在小红书内容创作中的 4 种主要应用类型，帮助运营者更好地利用 AIGC 技术，激发创意，优化流程，并最终提升作品的质量和增加流量。

1.3.1　创作文字内容

AI 技术在文字创作领域的应用正变得越来越广泛，它不仅提升了写作效率，还为小红书创作带来了新的可能。AIGC 能够快速生成文章、新闻报道、评论等文本内容，其质量已经可以与人类创作者相媲美。通过分析和学习大量数据，AIGC 还能够提供定制化的文案，极大地节省了传统写作者的时间和精力。

AIGC 写作工具能够在短时间内处理和分析大量信息，生成结构化和内容丰富的文本，这种技术的应用使得运营者可以快速获得草稿，之后只需进行细化和个性化的修改。同时，AIGC 可以根据特定的风格、主题或数据生成文案，满足不同的写作需求，为运营者提供强大的支持。

例如，文心一言是百度推出的基于深度学习技术和知识增强大语言模型的 AIGC 写作工具，它能够理解自然语言，并生成连贯、有逻辑的文本，可应用于各类写作、对话互动、信息获取、知识问答和灵感激发等场景，文心一言网页页面如图 1.15 所示。

用户进入文心一言官网并登录账号后，在输入框中输入提示词，单击 按钮发送提示词，即可指导 AIGC 生成相应内容，相关案例如下。

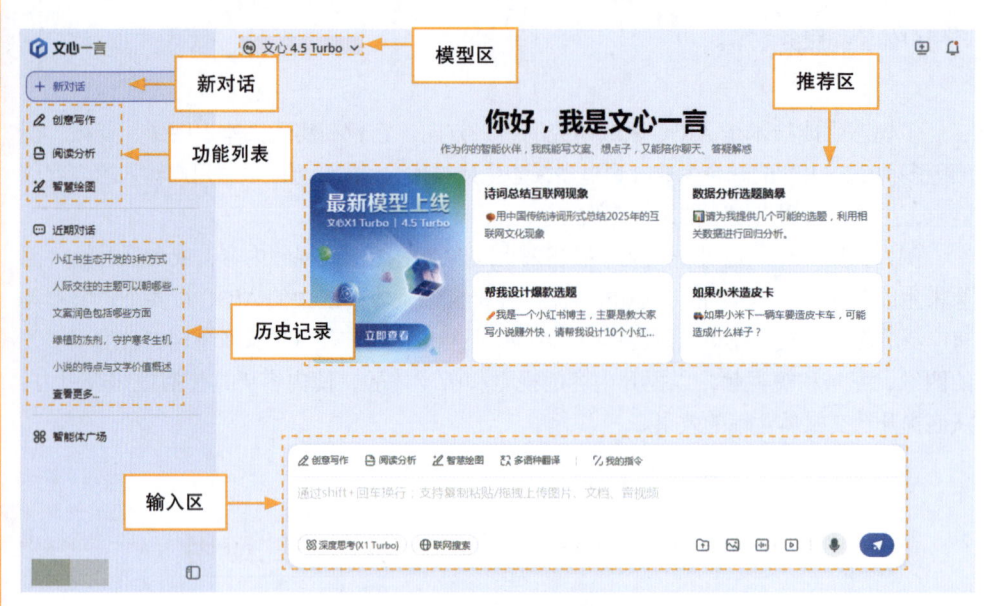

图 1.15 文心一言网页页面

提示词

请生成一篇小红书风格的游玩攻略类笔记，500字左右。

文心一言

【探秘世外桃源】周末游攻略之遗世独立的人间仙境，你一定不能错过！

【景点介绍】

大家好，今天要给大家安利一个隐藏在繁华都市背后的人间仙境——绿野仙踪。这里群山环抱，绿树成荫，溪水潺潺，仿佛是陶渊明笔下的世外桃源。在这里，你可以暂时忘却都市的喧嚣，尽情享受大自然的宁静与美好。

【游玩攻略】

交通：从市区出发，自驾大约 1.5 小时车程，沿途风景美不胜收，让人心情愉悦。选择公共交通，可以乘坐旅游专线巴士，方便快捷。

住宿：推荐大家入住当地的特色民宿，推开窗就能看到满眼的绿色，夜晚还可以观星赏月，别提有多惬意了！

美食：这里的农家菜味道鲜美，食材都是当地农民自家种植，绝对绿色无污染。推荐尝试招牌菜：土鸡汤、竹筒饭、农家小炒肉等。

……

> **专家提醒**
>
> 　　由于本书篇幅原因，AI 工具回复的内容只展示要点，详细的内容请看随书提供的完整效果文件。

1.3.2 生成图像效果

在小红书平台，视觉内容对于吸引和保持用户的注意力至关重要，图像处理技术成为提升内容吸引力的关键。AI 技术的应用使得图像处理工作更加高效和智能化。AI 技术的发展极大地推动了图像处理技术的创新，为运营者提供了强大的工具，以更快、更智能的方式完成图像编辑。

AI 图像处理工具能够自动化执行多种图像编辑任务，如自动剪裁图片以适应不同的社交媒体格式、去除图像中的水印或不需要的元素、降噪以提高图像清晰度、应用各种图像美化效果。此外，AI 还能进行智能补光和色彩校正，进一步提升图像的视觉质量。

除了基本的图像编辑功能，AI 技术还可以实现基于内容的图像分类和推荐，以及通过光学字符识别（Optical Character Recognition，OCR）技术从图像中提取文本信息，从而增强图像的可搜索性。

例如，Adobe Photoshop 是一款广泛使用的图像处理软件，其集成了 Adobe Sensei AI 技术，提供智能的图像处理功能。Adobe Photoshop 还可以智能地应用滤镜和调整，使图像一键美化成为可能。图 1.16 所示为替换天空图像的前后效果对比，使用 Adobe Photoshop 中的"天空替换"命令，可以将素材图像中的天空自动替换为更迷人的天空，同时保留图像的自然景深，非常适合摄影类小红书运营者使用。

（a）替换前　　　　　　　　（b）替换后

图 1.16　替换天空图像的前后效果对比

下面介绍使用 Adobe Photoshop 替换天空图像效果的具体操作方法。

步骤 01 打开 Adobe Photoshop 软件，在菜单栏中执行"文件"|"打开"命令，如图 1.17 所示。

步骤 02 执行操作后，弹出"打开"对话框，❶选择一幅素材图像，❷单击"打开"按钮，如图 1.18 所示。

步骤 03 执行操作后，即可打开一幅素材图像，在菜单栏中执行"编辑"|"天空替换"命令，如图 1.19 所示，该命令旨在帮助用户快速而精确地替换图像中的天空部分。

步骤 04 执行操作后，弹出"天空替换"对话框，❶单击 按钮；在弹出的列表框中，❷选择相应的天空图像模板，如图 1.20 所示。

步骤 05 执行操作后，单击"确定"按钮，如图 1.21 所示。

步骤 06 稍等片刻，即可合成新的天空图像，结果如图 1.22 所示。

图1.17 执行"文件"|"打开"命令　　图1.18 单击"打开"按钮

图1.19 执行"编辑"|"天空替换"命令　　图1.20 选择相应的天空图像模板

图1.21 单击"确定"按钮　　图1.22 合成新的天空图像

总之，AI 图像处理技术的发展，为小红书运营者提供了强大的技术支持，使他们能够更加专注于创意表达。

1.3.3 生成视频内容

AI 技术在视频领域的应用正变得越来越多样化和高效，正在改变视频制作的流程，它能根据给定的文字或素材自动生成视频作品。AIGC 视频制作工具通过分析视频内容的各种参数和素材，自动完成剪辑、添加特效和音乐等烦琐任务，生成符合小红书运营者要求视频。

例如，即梦 AI 的"文本生成视频"功能使用了强大的人工智能技术，只需要简单的文字描述，就可以生成视频，相关示例如图 1.23 所示，效果展示如图 1.24 所示。更多详细的视频生成内容见第 7 章。

图 1.23　即梦 AI 相关示例

图 1.24　效果展示

AIGC 视频工具的自动化特性，极大地提高了视频制作的效率，使得运营者可以在短时间内制作出高质量的视频内容，这种效率的提升为新媒体机构和个人运营者节省了大量的时间和资源。

AI 技术的应用不仅提高了效率，还拓宽了运营者的创作空间。AIGC 可以提供创新的编辑建议和视觉效果，激发运营者的创意灵感，帮助运营者实现更加复杂、更具创意的视频制作理念。

需要注意的是，尽管 AIGC 视频工具提供了许多便利，但它们在理解复杂的人类情感和创意意图方面仍有局限。因此，AIGC 视频工具通常需要与人类的创意指导和后期微调相结合，以确保最终视频作品的质量和情感表达。

随着 AI 技术的不断进步，未来的 AIGC 视频工具将更加智能化和个性化，它们将能更好地理解运营者的意图，提供更加精准的编辑建议，甚至可能在完全自动化的基础上生成完整的视频。

1.3.4　分析账号数据

在小红书营销领域，数据分析扮演着至关重要的角色。AIGC 技术的应用使得数据分析更加精准和高效，极大地提升了数据分析的深度与广度，从而为小红书运营者和营销人员提供更加深刻的用户洞察。

在小红书营销中，深入理解用户的兴趣、喜好和习惯是制定有效营销策略的关键。AIGC 技术的应用为数据分析带来了革命性的变革，使得小红书运营者能够更准确地把握用户需求，从而提升营销活动的针对性和效果。

AIGC 技术通过自然语言处理、语义分析、情感分析、热点分析和互动分析等手段，能够从大量用户生成的内容中提取有价值的信息。这些分析结果可以帮助小红书运营者了解用户的真实感受和喜好，进而助力运营者精准优化内容创作方向，制定更加贴合用户需求的营销策略，实现内容与用户的无缝对接。

例如，Tableau 是一款强大的数据可视化工具，它结合了 AIGC 技术，使用户能够通过直观的图表和仪表板快速理解复杂的数据集，相关示例如图 1.25 所示。Tableau 的 AIGC 驱动分析功能可以帮助运营者识别数据趋势，预测用户行为，使数据分析更加精准，营销策略更加有效。

AIGC 在小红书数据分析中扮演着至关重要的角色，它通过高效的数据处理能力和深度学习算法，为小红书内容创作和营销策略提供决策支持和深刻洞察。AIGC 在小红书数据分析中的主要作用如下。

（1）用户行为分析：AIGC 可以分析用户的浏览习惯、点击率和互动行为，帮助小红书运营者了解用户喜好。

（2）内容优化：通过 AIGC 分析，运营者可以优化内容结构，提升文章、视频等媒体内容的吸引力。

（3）趋势预测：AIGC 技术能够预测内容流行趋势，指导运营者把握当下热点。

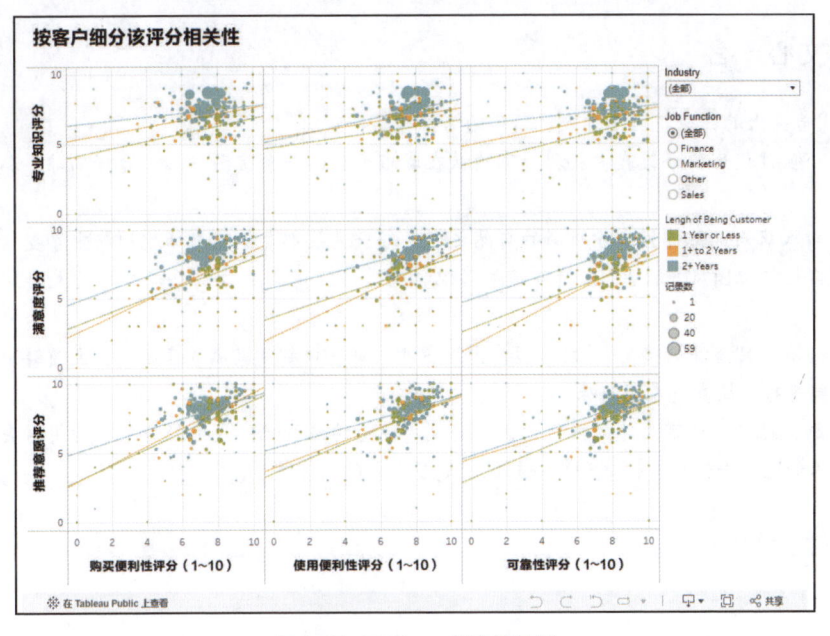

图 1.25　Tableau 仪表板示例

（4）个性化推荐：AIGC 算法可以为用户推荐个性化内容，提高用户满意度和留存率。

（5）效果评估：AIGC 工具可以评估营销活动的效果，提供数据支持，帮助小红书运营者做出更明智的决策。

本章小结

本章首先介绍了小红书的基本概况，包括小红书的发展历程、发展方向、消费人群、平台优势等；然后介绍了 AIGC 的相关知识，包括 AIGC 的定义、AI 与 AIGC 的关系、AIGC 的核心技术等；最后介绍了 AIGC 在小红书内容创作中的应用，包括文字内容、图像效果、视频内容、账号数据等。

课后实训

鉴于本章内容的重要性，为了帮助读者更好地掌握所学内容，本节将通过课后实训，帮助读者进行简单的知识回顾和补充。

实训任务：使用文心一言生成一篇推荐美食的小红书文案，相关案例如下。

提示词

生成一篇推荐美食的小红书文案，提高知名度，300 字左右。

文心一言

【舌尖上的秘密花园】你未曾踏足的味蕾盛宴！

小伙伴们好！今天我要揭秘一家隐藏在城市角落的美食宝藏——"绿野仙踪"私房菜馆！

踏入店内，仿佛置身于清新的自然之中，每一道菜都是视觉与味觉的双重享受！他们的招牌菜"田园风光沙拉"，新鲜蔬菜搭配秘制酱汁，清新爽口，每一口都是大自然的馈赠！

还有那"蜜汁烤鸭"，外皮酥脆，内里多汁，每一口都是满满的幸福感！肉质鲜嫩，搭配特制酱料，简直是人间美味！

别犹豫了，快带上你的味蕾，来一场说走就走的旅行吧！我已经迫不及待想再去一次了，你们还在等什么？快来和我一起探索更多美食的秘密吧！

小红书的账号定位

第 2 章

在新媒体时代,要想获得成功不仅依赖创意和内容,更需要精准的账号定位和恰当的运营。本章将深入探讨如何结合 AIGC 技术运营小红书账号,从小红书账号的定位技巧到平台的运营规则,再到使用 AIGC 助力小红书账号定位,帮助运营者在竞争激烈的市场中脱颖而出。

2.1 小红书账号的定位技巧

小红书作为中国领先的社交电商平台，吸引了数以亿计的用户。新人开始做小红书运营的时候，首先需要了解账号运营的相关规划，做好账号定位，这样才能更好地运营好账号。本节将介绍小红书账号定位的相关方法和技巧，帮助运营者做好账号的精准定位。

2.1.1 账号定位的概念

账号定位是指为了明确内容主题、风格以及目标受众，而预先设定并持续维护的一种独特形象、功能或价值主张。具体来说，账号定位是指运营者要做一个什么类型的小红书账号，然后通过这个账号可以获得什么样的用户群体，同时这个账号能为用户提供哪些价值。对于小红书账号来说，运营者需要从多个方面去考虑账号定位，不能只考虑自己的喜好，或只去卖货，而忽略了给用户带来的价值，否则很难运营好账号，也难以得到用户的支持。

用户因为一篇笔记而点击查看博主的主页，其目的便是希望看到更多相关的内容。用户看到运营者账号中发布的其他笔记都是围绕相关主题，那么便会一直看下去，甚至会关注该账号。如果用户点进去看到运营者账号发布的笔记是杂乱无章的内容，便不会想要再了解该账号了。

做好账号定位，还有以下 3 点好处。

1. 提高垂直率

当运营者账号中的笔记主题不一，系统便不知道该账号到底要做什么内容，便不会给该账号过多的曝光。系统无法判断运营者的账号定位，将会导致账号的垂直率降低。两种笔记在同等情况下，系统往往会推荐垂直率高的笔记，因为这样的笔记更加匹配用户的需求，内容也相对更为优质。

对于垂直率高的账号，系统会根据运营者发布的笔记为其套上一个标签，然后将笔记推送给更加精准的用户。而对于垂直率低的账号，系统则无法判断，便只能推荐给关联度不高的用户，而这些用户点击笔记的概率不高，因此运营者笔记的曝光度不会太高，而且用户群体也不够精准。

因此，只有做好账号定位，提高账号的垂直率，才能获得更多、更精准、黏性更强的用户。

2. 降低竞争压力

给账号做好定位，那么与运营者竞争的便是与账号定位相同的运营者，而不做好账号定位，那么与运营者竞争的便是整个平台中类似的运营者。如果没有做好账号定位，运营者发布的内容是汉服测评、汉服发型，那么竞争者便是定位为汉服测评和汉服发型的所有运营者。

但是，如果运营者将账号定位为汉服发型，那么竞争者便只是汉服发型的相关运营者了，如果运营者将账号定位为全真发中短发汉服发型，那么与之竞争的运营者便更少了。

3. 增加关注度

做好了定位，便能吸引更多精准的用户，而且这些用户有更高的概率关注运营者的账号。例如，运营者是做美食的，那么关注运营者的用户便是那些想要学做美食的用户。运营者的笔记给用户提供了价值，而且持续产出同一类内容，便会增加账号的关注度。

2.1.2 账号定位前的4个关键问题

在做账号定位之前，运营者还需要先问自己4个问题，明确这4个问题之后，才能更好地做账号定位。4个问题如下。

1. 你是谁？

这个问题主要是确定运营者的基本定位，也就是运营者的人设。人设不能轻易决定，需要通过详细的分析得出。一个好的人设可以吸引更多的用户，但是在保持这个人设期间不要出现人设崩塌的现象，这会使运营者的形象大打折扣，所以最好选择一个自己喜欢的、价值高的人设。

小红书有很多类目，最容易接到广告合作的是美妆、穿搭、探店之类的博主。其实，可供选择的种类有很多，运营者要找到最合适、最喜欢的类型。

还需注意，小红书的热门领域呈金字塔形式，这些领域已经有了头部博主，且这些领域还存在着许多中低层博主，竞争十分激烈。如果运营者的内容不能脱颖而出，最好选择一个竞争相对不激烈的领域。

2. 你的目标群体有哪些？

了解"你是谁"这一问题后，还需要知道"你的目标群体有哪些？"，即需要确定自己的目标用户，只有知道自己的目标用户是谁，运营者才能更好地做内容。

对于目标群体，运营者需要知道自己的内容适合男性还是女性？粉丝年龄大致会在什么区间？他们所在的城市是一线、二线还是其他城市？也就是说，运营者需要有自己目标群体的画像，包括性别、地域、爱好等。图2.1所示为目标用户画像示例。确定好这些后，输出的内容才会更有针对性，从而帮助运营者找到更加合适的人设，做好定位。

图2.1　目标用户画像

3. 你有什么优势吗？

如果同样都是做美食，你的美食笔记与别人有什么不同吗？用户为什么要看你的笔记而不去看其他博主的呢？这时，运营者需要明确自己的优势，给用户一个与众不同的价值。例如，同样都是穿搭博主，运营者可以将自己的体重和身高告诉用户，这样与运营者在相同维度的用户便会关注你，这就是运营者的优势。

4. 你用什么来吸引用户？

小红书上的博主很多，那么你怎么在众多的博主中脱颖而出呢？你用什么吸引用户呢？

在微信朋友圈中，不管发什么内容，总会有朋友点赞或评论，但是小红书平台不是微信朋友圈，用户也不是运营者熟悉的朋友，运营者需要给用户至少一个吸引点，才能够让他们给运营者点赞或关注。

如果运营者的笔记不能吸引用户，那么用户便不会关注你，所以运营者就需要想办法让自己的笔记有吸引力。那么，什么样的内容能够吸引用户呢？

（1）成功经验。小红书属于分享型社区，大多数用户是因为想要看别人的经验分享才来小红书的，因此运营者可以多分享心得、经验等，才能吸引用户。图2.2所示为面试经验分享案例。

（2）精神享受。现今，人们的物质生活得到满足，也要追求精神上的享受，因此运营者在输出内容时，给用户一种精神上的享受，这样关注的用户便会更多。

（3）产品分享。将好用的产品分享出来，推荐给用户，如果运营者推荐的产品能满足用户的需求，那么用户便会持续地关注该账号，甚至会将该账号推荐给自己的朋友。图2.3所示为好物分享案例。

（4）学习成长。除了以上3点，运营者还可以创作学习成长类的内容来吸引用户。小红书有很多关于学习成长类的博主，如图2.4所示。

图2.2　面试经验分享案例　　图2.3　好物分享案例　　图2.4　学习成长类博主

值得注意的是，运营者在确定好账号定位后，可以先借鉴类似博主，了解他们平时发的内容是什么，同类博主为什么有更多的用户关注、点赞，然后开始模仿，并在模仿中形成自己的风格。

2.1.3 账号定位的 4 个注意事项

2.1.2 小节讲了账号定位前的 4 个关键问题，本节探讨账号定位的 4 个注意事项。

1. 良好的第一印象

人们在相处时，第一印象非常重要，一个好的第一印象是一段关系的开端。同时，在看别人第一眼时，通常会先看到一个人的外貌特征，例如高矮胖瘦、长发还是短发等，这些特征可以让别人快速地记住你的样子。

一个良好的第一印象可以让用户关注运营者，如果运营者输出的内容足够吸引用户，他们会在第一时间关注该账号。给账号定位是为了能够吸引更多的用户，因此要给用户一个良好的第一印象。

一个账号定位明晰，用户便可以清楚运营者是做什么的，就像是一个干净、整洁的房间，访客一眼便会喜欢；如果是一个脏乱的房间，访客便不会长久停留。

2. 差异化突围

差异化的内容能够让运营者在众多同类博主中脱颖而出，运营者一方面要让平台了解到账号内容的差异化，平台才能将笔记推荐给更多的人；另一方面，运营者也要让粉丝看到差异化，否则粉丝就会去关注别人。

3. 明确创作的内容

运营者要分析用户的需求以及自己的能力，明确要创作的内容和变现的方式，才能持续、有效地保持账号内容的输出，保证账号的运营。

图 2.5 所示的笔记内容为平价彩妆推荐，图 2.6 所示的内容为自学新媒体运营经验分享。两者的内容截然不同，因此运营者在做内容时便不可随意混淆，前者的账号不能出现后者的内容，后者也是一样，不能出现前者的内容，混淆内容的账号是很难吸引并留住粉丝的。

4. 迎合平台喜好

很多互联网平台，如微博、抖音等，都有一个共同点，就是它们都希望能够有更多的且持续在某一领域中产出垂直内容的账号。这种账号往往能给平台带来更大的价值，也只有这样的账号，平台才会不断地给予支持。

图2.5　平价彩妆推荐　　　　图2.6　自学新媒体运营经验分享

2.1.4　账号定位7步法

一般来说，要想做好账号定位，可以按照以下7步来做账号定位。

1. 找到擅长的类型

擅长是通过与别人的比较而得出的，比如你擅长唱歌，但是别人也擅长唱歌，运营者要思考自己是否唱得比别人好？当然，这个别人不是指所有人，而是指运营者的水平是中等偏上，比平台中的大部分人水平要高。

运营者擅长的不一定是一种技能，也有可能是人脉、资源等，这些都可以是擅长的一部分。那么，要从哪些方面来找到自己擅长的类型呢？可以从图2.7中的4个方面来寻找。

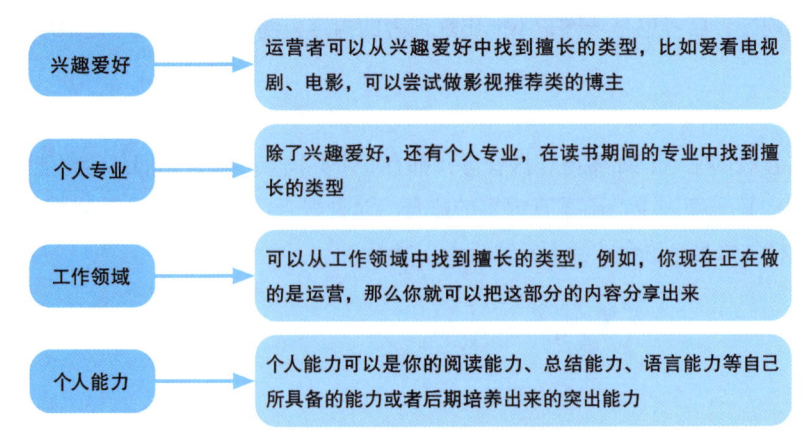

兴趣爱好	运营者可以从兴趣爱好中找到擅长的类型，比如爱看电视剧、电影，可以尝试做影视推荐类的博主
个人专业	除了兴趣爱好，还有个人专业，在读书期间的专业中找到擅长的类型
工作领域	可以从工作领域中找到擅长的类型，例如，你现在正在做的是运营，那么你就可以把这部分的内容分享出来
个人能力	个人能力可以是你的阅读能力、总结能力、语言能力等自己所具备的能力或者后期培养出来的突出能力

图2.7　从4个方面寻找擅长的类型

2. 从擅长类型中找到最喜欢的类型

兴趣是最持久的内在驱动力，所以要在擅长的类型中再找到最喜欢的类型，但是如果喜欢的类型较多，可以用排除法，先排除不喜欢的类型。

3. 从喜欢的类型中找到能持续的类型

在开始做账号时，运营者必须要明白，并不是付出就会马上得到回报，而且在小红书这个平台，有许多的博主在与运营者竞争，运营者的笔记不可能每个都能成为爆款，也不可能有了推荐就能吸引很多用户。所以运营者要问一问自己，在付出了很多努力却短时间内没有得到回报的情况下，自己能坚持下来吗？

每一个新人刚开始时做账号，都要耐得住寂寞。山重水复疑无路，柳暗花明又一村，或许运营者坚持下来了，便能够得到一个很好的结果。在坚持的这段时间里，运营者需要根据账号数据和市场的情况，不断地调整策略、方向，这样才能做好账号。

此外，运营者储备的知识和财力能不能支撑运营者坚持到底。如果知识储备无法支撑长期输出，运营者就必须在输出的同时不断地学习新的知识，充实自己。例如，运营者是做口红测评的，家中有 50 支口红，那么做完这 50 支的口红测评后，运营者是否有能力持续购买并且了解新的口红知识来支撑口红测评。

4. 确定用户画像

在明确内容方向后，需要建立基础用户画像作为创作参考，但无须过度细化，重点关注四个核心维度：性别、年龄、地域和职业，这些关键数据足以支撑日常的内容定位和选题决策。

5. 你的目标是什么？

在做小红书账号之前一定要明确你的目标是什么，是想要通过账号盈利还是仅仅想要向陌生用户分享经验等，这都与账号定位有着很大的关系。

运营一个账号可以从众多领域内的某个方面来运营，但是有的领域是很难变现的。例如，影视剪辑很容易获得关注，但是想要变现是很难的，主要是投广告的人并不多。这样辛辛苦苦做出来的账号，结果却没有得到预期的收益就得不偿失了。

所以，在做账号定位之前，一定要了解你的目标到底是什么，如果是为了能够快速变现，最好是不要选择那些商业价值低的领域。

6. 你适合做小红书运营吗？

在做小红书运营之前，一定要了解想要发布的内容是否适合在小红书平台上发布。这方面可以先提前了解小红书平台，然后将用户画像与小红书的背景数据做对比。

如果运营者所做的内容面向的是老年受众，就不适合在小红书平台上发布。但如果运营者是做美妆、探店、学习类内容，就适合在小红书平台上发布。图 2.8 所示为小红书上的探店博主，这种探店内容是小红书用户喜欢的内容。

当运营者发现想要发布的内容不适合小红书平台，那么就需要返回第 2 点，重新选择所喜欢的领域。

图2.8 小红书上的探店博主

7. 寻求新意

在运营者做好以上几步之后，就需要思考发布内容的新意了。运营者可以提前去小红书中了解类似博主发布的内容，从中找到与众不同的方向，以此降低竞争压力。

那么，运营者要怎么去寻找新意，避免直接竞争呢？主要有两种方式，一是通过选择细分领域，二是突出个人特色。

（1）选择细分领域。在运营者选择领域时，可能会选择一些比较热门的领域，如彩妆领域，但小红书中有很多彩妆博主，这时就要选择其中的细分领域了，这样或许还会有机会获得粉丝的关注。细分领域有两种类型，一种是横向细分领域，另一种是纵向细分领域。

横向细分就是从横向来对运营者选择的领域进行划分，如果选择的领域是汉服，别人做汉服推荐，运营者可以做汉服混搭或汉服入门科普，如图2.9所示。

纵向细分是在一个大的领域中往深处挖掘，如果选择美妆大类，便可以纵向细分出眼妆、口红等领域，如图2.10所示。

（2）突出个人特色。除了选择细分领域，运营者还可以在自己的账号中展现鲜明的个人特色。比如，可以在直播中或者在视频中加入自己的口头禅等，并用风趣幽默的话语讲述出来，形成自己独一无二的特征，这样便会让一些观看直播或视频的用户更加快速地记住运营者并持续地关注运营者。

图2.9　横向细分案例

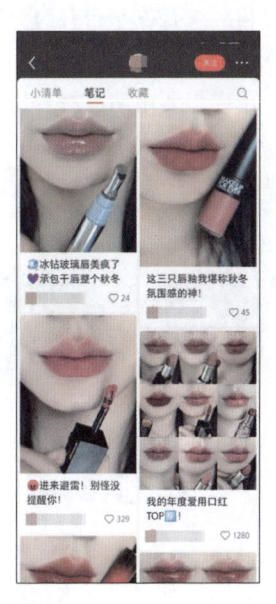

图2.10　纵向细分案例

2.2　小红书平台的运营规则

要想玩转小红书平台，首先要了解小红书平台的运营规则，熟悉其运营规则，才能更好地运营小红书账号，在发布内容的时候，尽量地规避一些错误。本节将介绍小红书平台的运营规则。

2.2.1 品牌合伙人规则

首先，了解一下什么是品牌合伙人，品牌合伙人是收到品牌方的邀请，在小红书内发布与品牌有关的商业推广笔记的小红书用户。图2.11所示为品牌合作的具体流程。

图2.11　品牌合作流程

小红书已经将品牌合作平台升级为小红书蒲公英平台，并且在小红书蒲公英平台中还增加了信用等级评分。

一般来说，用户想要申请品牌合伙人必须达到两个要求，一个是账号的粉丝数量超过5000，另外一个是近一个月笔记的平均曝光要大于10000。如果博主想要与品牌主进行合作，首先要开通专业号。图2.12所示为专业号开通的流程图。

图2.12　专业号开通流程图

专业号开通有两种身份可以选择，一个是个人号，另外一个是企业号。下面介绍开通个人专业号的具体步骤。

步骤 01 进入小红书的个人主页，点击上方的 ≡ 图标，如图2.13所示。

步骤 02 弹出相应面板，在其中选择"创作者中心"选项，如图2.14所示。

步骤 03 进入相应界面，点击"全部服务"按钮，如图2.15所示。

步骤 04 进入"全部服务"界面，点击"开通专业号"按钮，如图2.16所示。

步骤 05 执行操作后，进入"小红书专业号"界面，❶切换至"账号升级"选项卡；❷点击"前往开通专业号"按钮，如图2.17所示。

图2.13 点击相应按钮 　　图2.14 选择"创作者中心"选项 　　图2.15 点击"全部服务"按钮

步骤 06 进入"专业号申请"界面，❶选中"我是「个人」"单选按钮；❷点击"立即申请"按钮，如图2.18所示。

图2.16 点击"开通专业号"按钮 　　图2.17 点击相应按钮 　　图2.18 点击"立即申请"按钮

> ▶ **专家提醒**
>
> 　　如果是特殊行业，如医生、律师等，需要上传相关证件方可提交审核。此外，个人身份30天可以修改一次。如果是企业号，就在专业号申请页面选择"我是「企业」"选项，但是企业号在身份认证过程中还需要对企业的资质进行审核，并缴纳一定的费用。如果选择的是推荐身份，则不需要进行认证并缴纳相关费用。

31

步骤 07 进入"选择与你最相符的身份"界面，选择身份类型，以美妆博主为例，博主便可以选择"美妆"选项，如图2.19所示。

步骤 08 执行操作后，在弹出的分类中，❶选中"美妆博主"单选按钮；❷点击"完成"按钮，如图2.20所示。

步骤 09 弹出提示框，点击"确认身份"按钮，如图2.21所示，即可开通专业号。

图2.19 选择"美妆"选项　　图2.20 点击"完成"按钮　　图2.21 点击"确认身份"按钮

品牌合伙人包含两种机制，一个是收录机制，另外一个是延迟展示。

1. 收录机制

一般来说，只有收录的笔记才能被用户搜索到，才有推荐量。文字图片类笔记和视频类笔记都有类似的收录机制。

文字图片类笔记是以"图片+文字"的形式发布笔记，如图2.22所示。其收录机制通常是收录文字查找正文内容的第一句话。视频类笔记则是以"视频+文字"的形式发布笔记，如图2.23所示。视频类笔记收录机制主要是查找视频简介。

2. 延迟展示

运营者的笔记推送后往往是在之后的几天点赞量和评论量才会慢慢提升，并且会持续一段时间。

图2.22 文字图片类笔记　　图2.23 视频类笔记

2.2.2 账号降权规则

想要发布的笔记处于推荐首页，那么账号的权重非常重要，如果运营者的账号被降权，那么账号则会被限流甚至是封号。

小红书的降权规则主要包括两个方面，一是账号违规，主要包括一部手机登录多个账号、用户昵称涉及广告、头像违规或有个人二维码等。二是笔记违规，主要包括笔记内容存在广告、用户联系方式、涉嫌抄袭和存在转发抽奖等行为。需要注意，小红书官方还会针对这些行为定期进行公示。那么，怎么避免出现这种情况呢？可以从以下3个方面来规避，如图2.24所示。

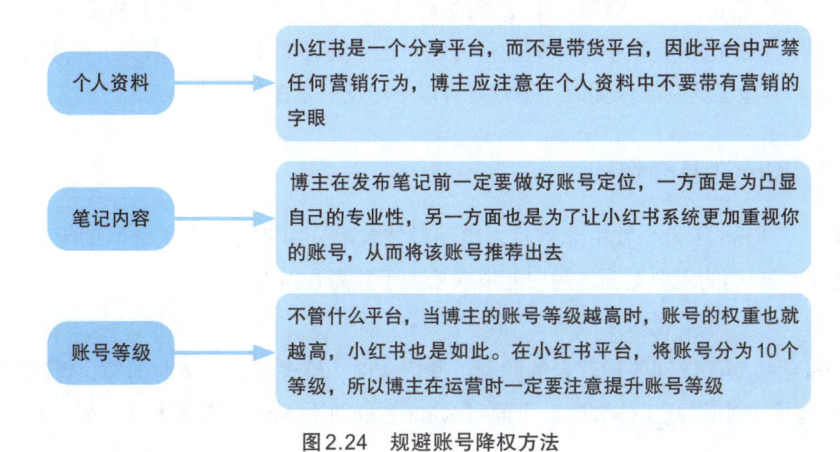

个人资料	小红书是一个分享平台，而不是带货平台，因此平台中严禁任何营销行为，博主应注意在个人资料中不要带有营销的字眼
笔记内容	博主在发布笔记前一定要做好账号定位，一方面是为凸显自己的专业性，另一方面也是为了让小红书系统更加重视你的账号，从而将该账号推荐出去
账号等级	不管什么平台，当博主的账号等级越高时，账号的权重也就越高，小红书也是如此。在小红书平台，将账号分为10个等级，所以博主在运营时一定要注意提升账号等级

图2.24 规避账号降权方法

33

2.2.3 账号限流规则

除了账号降权，还有账号限流的问题。如果运营者的账号被限流了，那么笔记的热度和流量会很低。账号限流分为两种情况，一个是单篇文章被限流，另外一个是多篇文章被限流。

怎么判断账号被限流了呢？其主要表现在运营者原来笔记的内容或者数据消失，并且新发布的笔记数据很差，曝光率不足。

小红书一直专注于做分享社区，因此对于用户发布广告内容的管控是非常严格的。在小红书中，只有成为品牌合伙人才可以发布广告。如果运营者的账号经常发布广告，系统便会认定该账号为营销号，从而限制账号曝光度，甚至采取禁言、封号等措施，图2.25所示为评论禁言通知。

图2.25 评论禁言通知

2.3 使用AIGC助力小红书账号定位

随着AI技术的快速发展，运营者可以借助其强大的分析与创作能力，实现更加精准和高效的账号定位。从市场分析到商品定位，AI能够为小红书账号提供全面的数据支持与智能化的优化方案。本节将探讨如何运用AI技术，对小红书账号进行行业定位、用户定位、内容定位、商品定位等方面的深度赋能，帮助运营者提升小红书账号的竞争力。

需要注意的是，本书编写以电脑版的AI工具为主，也可以使用手机版，本节将以Kimi为例，介绍电脑版和手机版的使用方法。由于篇幅原因，AI工具只介绍Kimi的注册和登录，其余工具的操作类似，运营者可以举一反三掌握其方法。

2.3.1 Kimi工具介绍

Kimi作为一款由北京月之暗面科技有限公司开发的人工智能助手，具备简洁而全面的用户页面，用户能够轻松上手并高效利用其功能。

1. Kimi手机版

Kimi手机版能够回答运营者的问题、速读文件、整理资料、辅助创作，可以帮助用户拓展知识领域和提高工作效率。下面对Kimi智能助手App的界面进行介绍，如图2.26所示。

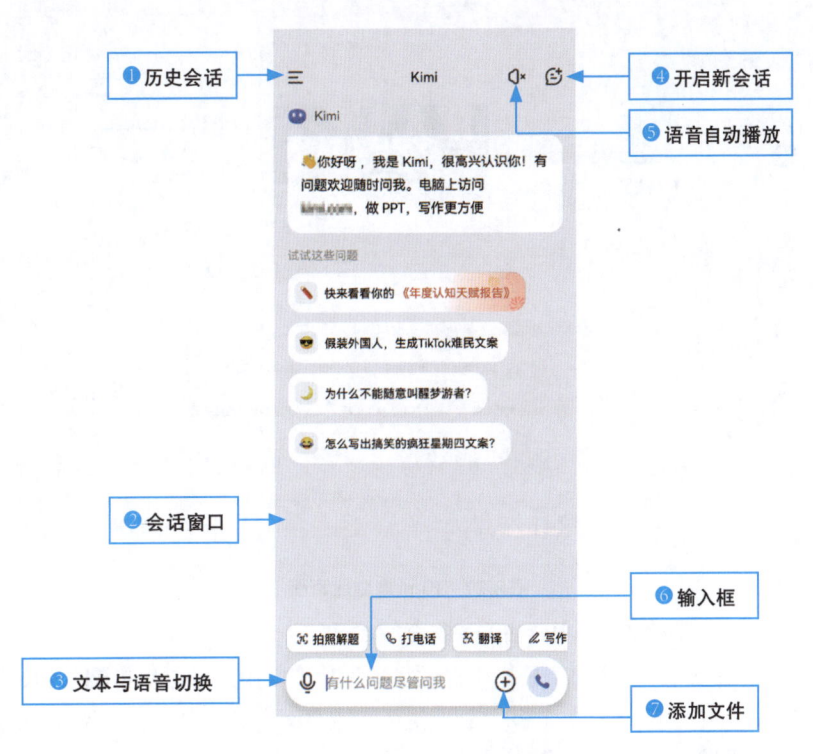

图 2.26　Kimi 智能助手 App 界面

❶ 历史会话：当用户登录 Kimi 账号后，点击左上角的 ☰ 按钮，将进入"历史会话"界面，其中可以查看之前的对话。

❷ 会话窗口：这是用户与 Kimi 进行交流的主要区域，用户可以在这个区域中查看提出的问题，以及 Kimi 生成的回答和反馈。

❸ 文本与语音切换：点击 🎤 按钮，用户可以在输入方式之间进行切换，可以选择语音输入或者文本输入。

❹ 开启新会话：点击 🔄 按钮，即可开启新会话，该功能允许用户与 Kimi 开始一个新的对话或交互过程。用户在使用 Kimi 时，如果需要解决一个与之前不同的问题或任务，可以启动一个全新的对话，而不必继续在旧的对话中进行。

❺ 语音自动播放：点击界面上方的 🔊 按钮，可以设置是否使用语音自动播放 Kimi 生成的内容回复。

❻ 输入框：点击输入框，用户可以输入问题或指令，Kimi 支持多种语言的对话，尤其是中文和英文。

❼ 添加文件：点击 ⊕ 按钮，用户可以上传 TXT、PDF、Word 文档、PPT 幻灯片、Excel 电子表格等格式的文件，Kimi 在阅读这些文件内容后可回复用户。

2. Kimi 电脑版

Kimi 电脑版同样具备简洁而全面的用户页面，用户能够轻松上手并高效利用其功能。用户可以与 Kimi 进行实时对话，上传文件进行处理，或利用其他高级功能生成相应的文案，其电脑版页面如图 2.27 所示。

图2.27　Kimi电脑版页面

下面对Kimi页面中的各主要功能进行介绍。

❶ 工具栏：Kimi左侧的工具栏中提供了多种功能，用户通过单击按钮，即可从Kimi的任意页面回到首页；单击按钮，进入相应页面，其中内置了一些封装好的应用，如翻译通、PPT助手、论文写作助手等，用户可以直接使用这些应用来快速解决特定问题。

❷ 输入框：输入框是一个多功能的交互区域，用户可以与Kimi在此进行交流，无论是提问、上传文件、发送链接还是进行其他形式的交互，都可以通过输入框来实现。

❸ 示例区：该区域提供了多种会话示例，可以方便用户快速使用Kimi的特定功能。用户可以通过单击这些示例，快速启动Kimi的特定服务或功能，无须自己编写详细的指令或提示词。

2.3.2　AIGC解析行业定位

行业定位就是确定账号分享的内容所属的行业和领域。通常来说，运营者在做行业定位时，只需选择自己擅长的领域，并在账号名字上体现行业定位即可。

例如，擅长摄影的运营者，可以选择将摄影领域作为自己的定位；擅长画画的运营者，可以选择将绘画领域作为自己的定位。

AIGC在解析行业定位方面的优势在于其强大的数据处理和分析能力，能够为新媒体运营者提供深度的行业洞察和精准的市场定位。借助AIGC的智能分析与优化，运营者能够有效地进行行业定位，找准市场机会。

下面以Kimi手机版为例，介绍具体的操作方法。

步骤 01 在手机中打开应用市场App，❶在搜索栏中输入并搜索"Kimi智能助手"；❷在搜索结果中点击Kimi智能助手右侧的"安装"按钮，如图2.28所示。

步骤 02 下载安装成功之后，在其界面中点击"打开"按钮，如图2.29所示。

图2.28 点击"安装"按钮　　　　图2.29 点击"打开"按钮

步骤 03 打开Kimi智能助手App，进入对话界面，点击下方的输入框，如图2.30所示。

步骤 04 在弹出的输入框中，输入提示词"我比较擅长摄影，准备运营一个摄影类的小红书账号，请帮我进行市场调研，分析该账号的市场定位"，如图2.31所示。

步骤 05 点击右侧的 ➤ 按钮，便可以得到Kimi生成的结果，如图2.32所示。

图2.30 点击下方的输入框　　图2.31 输入相应的提示词　　图2.32 生成结果

2.3.3　AIGC挖掘用户定位

在小红书账号的运营中，小红书运营者如果能够明确用户群体，做好用户定位，并针对主要的用户群体进行营销，那么账号生产的内容将更具有针对性，而内容的带货能力也将变得更强。

在做用户定位时，运营者可以从性别、年龄和地域分布等方面分析目标用户，了解用户的画像，并在此基础上更好地做出针对性的运营策略和精准营销。

AIGC在挖掘用户定位方面具有巨大的优势。它能够通过大数据分析和智能化处理，为运营者提供更加精准的用户画像、细致的群体划分和实时的行为分析，从而帮助小红书账号更高效地接触和吸引精准用户。通过AIGC的帮助，运营者能够实现内容的个性化定制、广告的精准投放和营销策略的动态调整，极大地提升账号的运营效果和市场竞争力。

打开Kimi网页版，进入会话界面，点击输入框，在输入框中输入相应的提示词，并发送提示词，便可以得到Kimi回复的结果，相关案例如下。

提示词

我准备搭建一个求职面试技巧分享类小红书账号，请帮我挖掘目标用户定位。

Kimi

求职面试技巧分享类小红书账号的目标用户定位

核心用户群体

应届毕业生：即将步入职场的大学生，对求职面试技巧有迫切需求，希望在面试中脱颖而出，获得心仪的工作机会。

职场新人：刚进入职场不久的年轻人，可能缺乏面试经验和技巧，需要学习如何更好地展示自己，提升面试成功率。

职业发展者：有一定工作经验的职场人士，为了寻求更好的职业发展机会，可能会频繁跳槽或参加内部晋升面试，需要不断更新和提升自己的面试技巧。

用户需求分析

面试准备指导：用户需要了解如何进行面试前的准备，包括简历制作、自我介绍、面试着装等。例如，如何根据岗位要求量身定制简历，突出自己的优势和亮点。

面试技巧学习：包括面试中的沟通技巧、回答问题的技巧、展示自信的方法等。例如，如何用清晰有条理的结构回答面试官的问题，展现自己的逻辑思维能力。

……

2.3.4　AIGC赋能内容定位

小红书账号的内容定位就是确定账号的内容方向，并据此有针对性地创作内容。通常来说，运营者在做内容定位时，只需结合账号定位确定需要发布的内容即可。

内容定位是账号定位的关键，AIGC 在内容定位方面的核心优势是通过数据分析、个性化创作等手段，为小红书账号提供精准、高效、持续优化的内容支持。通过运用 AIGC 技术，运营者能够更科学地定位内容方向，提高创作效率，增强与用户的互动性和黏性，以 Kimi 电脑版为例，相关操作如下。

步骤 01 打开浏览器，输入 Kimi 的官方网址，进入 Kimi 界面，单击左侧工具栏中的"登录"按钮，如图 2.33 所示。

图 2.33 单击"登录"按钮（1）

步骤 02 弹出相应窗口后，❶在其中输入手机号与验证码等信息；❷单击"登录"按钮，如图 2.34 所示，即可登录 Kimi。此外，用户还可以通过微信扫一扫功能，扫描右侧的二维码进行登录操作。

图 2.34 单击"登录"按钮（2）

步骤 03 登录 Kimi 后，❶在左侧工具栏中显示了账号的头像，即为登录成功；❷单击页面中间的输入框，如图 2.35 所示。

步骤 04 在输入框中输入相应的提示词，如图 2.36 所示，指导 Kimi 生成特定的内容。

步骤 05 单击 ▷ 按钮，将提示词发送给 Kimi，Kimi 即可根据提示词要求生成内容定位相关的内容，相关回复内容如下。

图2.35　单击页面中间的输入框

图2.36　输入相应的提示词

提示词

我想运营一个汉服穿搭分享类的小红书账号，请帮我生成科学合理的内容定位计划。

Kimi

汉服穿搭分享类小红书账号内容定位计划
目标用户群体
汉服爱好者：对汉服文化感兴趣，喜欢穿着汉服参加各种活动和节日的年轻人。
传统文化爱好者：对中国传统文化有浓厚兴趣，希望通过汉服穿搭了解和传承传统文化。
时尚追求者：喜欢将传统元素与现代时尚结合，寻求个性化穿搭的年轻人。
摄影爱好者：希望通过汉服穿搭拍摄出具有艺术感和美感的照片。
内容定位方向
汉服穿搭教程：
日常穿搭：分享如何将汉服与现代服饰搭配，使其适合日常通勤、逛街等场景。例如，展示汉服与牛仔裤、运动鞋等现代单品的搭配方法，提供实用的穿搭建议。

场合穿搭：根据不同场合（如婚礼、古风活动、节日等）提供汉服穿搭指南，帮助用户在特定场合中更好地展示自己。

　　汉服文化科普：

　　……

2.3.5　AIGC助力商品定位

　　大部分运营者之所以要做小红书运营，是因为希望能借此获得一定的收益，而商品销售又是比较重要的一种变现方式。因此，选择合适的变现商品，进行商品的定位就显得尤为重要了。

　　那么，小红书运营者要如何进行商品定位呢？根据运营者自身的情况，可以将商品定位分为两种：一种是根据自身拥有的商品进行定位；另一种是根据自身业务范围进行定位。

　　根据自身拥有的商品进行定位，运营者有哪些商品是可以销售的，然后将这些商品作为销售的对象进行营销。

　　例如，某位运营者拥有多种零食的货源，于是其将账号定位为零食销售类账号。他不仅将账号命名为"××零食"，而且还通过短视频对零食进行展示，并为用户提供了相关零食的购买链接。

　　根据自身业务范围进行定位，就是发布与账号业务相关的短视频，然后根据短视频内容插入对应的商品链接。这种定位方式适合没有商品的运营者，这部分运营者只需根据短视频内容添加他人的商品链接，便可以借助该商品的链接获得佣金收入。

　　例如，某位美食类运营者本身没有商品货源，于是他便通过在短视频中添加他人店铺的商品链接来获取佣金收入。该运营者发布的一条制作豆浆的短视频中，便对豆浆机进行了展示，并为用户提供了购买链接。

　　AIGC为商品定位提供了强大的数据支持和智能化的优化能力。它不仅能够帮助运营者精准把握市场趋势和用户需求，还能够根据实时反馈和竞争环境不断优化商品定位，从而提高商品的市场竞争力和用户认同度，以 Kimi 电脑版为例，相关案例如下。

提示词

　　我正在运营一个护肤品分享类的小红书账号，目前账号的数据还不错，打算拓宽变现渠道，请帮我提供一些商品定位相关的建议。

Kimi

商品定位建议

1. 功效型产品定位

　　针对特定肌肤问题：推出针对不同肌肤问题的功效型产品，如抗氧抗衰、美白提亮、控油祛痘等。调研数据显示，超过七成的消费者有舒缓维稳的护肤诉求，而抗氧抗衰、美白提亮等功效的需求也较高。例如，可以开发一款针对敏感肌肤的修护面霜，强调其舒缓和修复功能。

成分透明度与科学配方：强调产品的成分透明度和科学配方，满足消费者对产品成分及功效的关注。例如，在产品介绍中详细列出成分表，解释每种成分的作用和来源，让消费者更加放心地购买。

2. 高端定制服务

个性化定制：提供高端的个性化定制服务，如根据客户的肤质、需求和喜好，定制专属的护肤套装。例如，可以为客户提供一对一的肤质分析和产品推荐，然后根据分析结果定制适合的护肤品。

限量版产品：推出限量版的高端护肤品，结合独特的包装设计和高品质的成分，吸引追求独特性和高品质的消费者。

3. 平价亲民产品

……

本章小结

本章首先介绍了小红书账号的定位技巧，包括账号定位的概念、账号定位前的4个关键问题、账号定位的4个注意事项以及账号定位的7步法；然后介绍了小红书平台的运营规则，包括品牌合伙人规则、账号降权规则以及账号限流规则等；最后介绍了使用AIGC助力小红书账号定位，包括Kimi工具介绍，以及AIGC对行业、用户、内容及商品定位的精准分析与优化。

课后实训

鉴于本章知识的重要性，为了帮助读者更好地掌握所学内容，本节将通过课后实训，帮助读者进行简单的知识回顾和补充。

实训任务：使用Kimi电脑版为通勤穿搭分享类账号打造账号定位，面向年轻职场女性，专注于提供既舒适又具时尚感的日常与职场穿搭建议，相关案例如下。

提示词

请为通勤穿搭分享类账号打造一个账号定位，面向年轻职场女性，专注于提供既舒适又具时尚感的日常与职场穿搭建议。

Kimi

账号定位建议

账号核心定位

目标用户群体：面向年轻职场女性，年龄在22～35岁之间，具有一定的经济基础和对时尚的追求。她们注重日常与职场穿搭的舒适性和时尚感，希望通过穿搭展现个人的职业形象和个人品味。

内容风格：结合舒适与时尚，打造"优雅知性"与"轻松自在"相结合的穿搭风格。内容要体现出职场女性在忙碌工作中的精致生活态度和对美的追求。

内容方向

日常通勤穿搭：

基础单品搭配：分享如何利用基础单品（如衬衫、西装、裤装、裙装等）进行多样化搭配，打造出既舒适又时尚的日常通勤造型。例如，白色衬衫搭配高腰直筒裤，外搭一件简约的西装外套，既干练又不失优雅。

季节性穿搭建议：根据季节变化提供相应的穿搭建议。如春秋季节可以选择轻薄的针织衫搭配牛仔裤，夏季则推荐清爽的短袖T恤搭配高腰半身裙。

职场穿搭技巧：

色彩搭配：强调色彩的协调与平衡，以经典的中性色调为主，如黑、白、灰、米色等，适当加入亮色元素作为点缀，提升整体造型的时尚感。

……

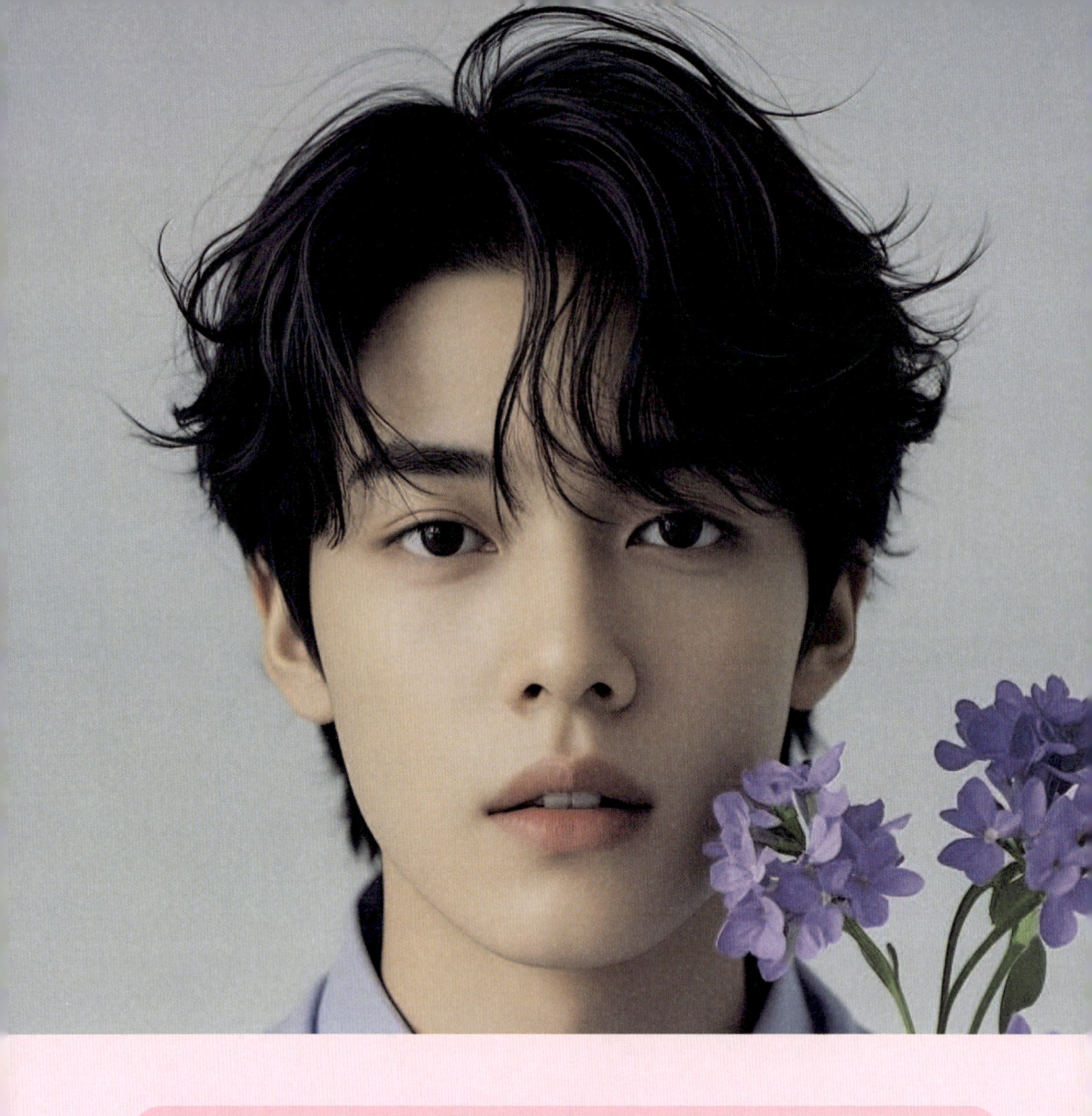

第 3 章 小红书的选题策划

对于运营者来说,选题关系到内容的吸引力、用户的关注度、最终的传播效果。因此,一个好的选题可以帮助运营者获得更高的曝光度。在这个创意无限的社交时代,AIGC成为探索小红书热门话题的得力助手。本章旨在介绍一些关于小红书选题策划的实用技巧,探讨如何利用AIGC进行小红书选题策划,从而让账号迅速涨粉,助力运营者打造热门账号。

3.1 小红书选题的策划内容

什么是选题？选题标准是什么？选题方法有哪些？在了解热门选题之前，运营者应先明白选题策划的相关内容，这样才能策划出更符合用户预期的选题。本节将介绍选题策划的相关内容。

3.1.1 选题概述

什么是选题？在出版行业，选题是指通过工作人员多次讨论、多方面分析和考量而确定的某个主题的项目。

而在小红书运营中，选题则是为运营者的账号内容确定一个核心主题，并且确保账号发布的所有内容都围绕这一主题展开。

例如，运营者确定的选题是旅游攻略，那么这个账号所发布的全部内容最好都应围绕这一主题，保持内容的垂直性和连贯性。

如果没有明确的选题，运营者发布的笔记可能会显得杂乱无章，缺乏结构层次和整体规划，这样的笔记就很难脱颖而出，不能吸引更多的用户关注。当然，如果运营者只是纯粹想要分享生活点滴，没有其他需求，没有明确的选题也可以。但如果运营者的目标是打造爆款内容，吸引更多用户，并希望实现内容变现，那么不进行选题策划，运营者的这些目标就很难实现。

一般而言，按照不同的分类依据，选题有着不同的类型，如图3.1所示。

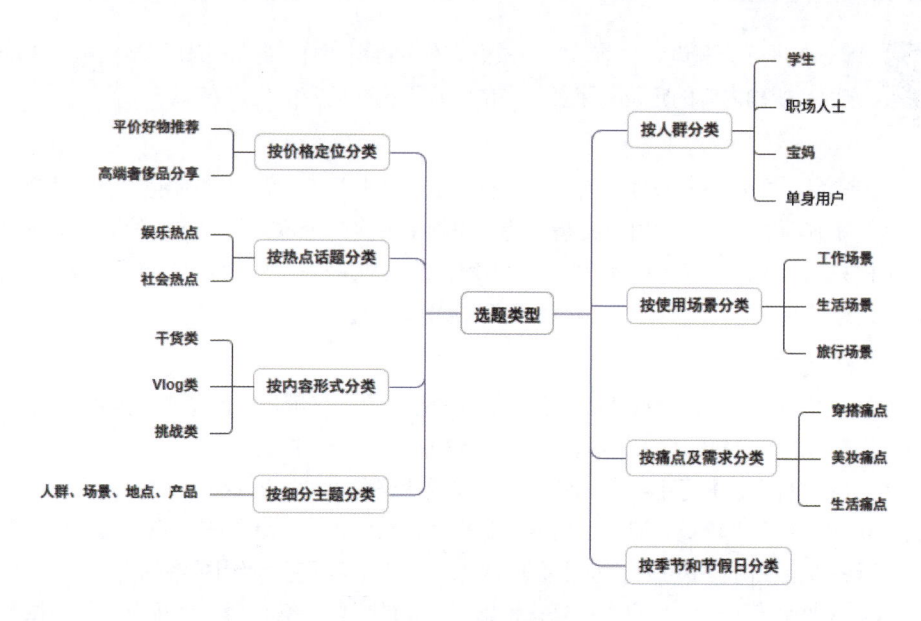

图 3.1 选题类型

> ▶ 专家提醒
>
> 在实际运营中，运营者可以根据账号定位、目标受众和内容特点来选择合适的选题类型。同时，也要关注平台的热门话题和流行趋势，及时调整和优化选题策略。

3.1.2 选题标准

选题也是需要一定标准的，不是什么样的选题都可以使用，其标准主要有5个方面，具体内容如图3.2所示。

确定选题的5个标准：

- **用户范围**：选题覆盖的用户范围要广，范围窄吸引的用户也会比较少
- **痛点程度**：越是直击用户痛点的选题，越能打造出爆款内容
- **可落地性**：该选题有没有借鉴参考，是否能够达到理想的效果
- **传播性**：策划的选题要具有传播性，只有这样笔记才能够引流到其他平台，吸引更多的用户
- **时效性**：策划的选题要经得住时间的考验

图3.2 确定选题的5个标准

3.1.3 选题方法

在进行选题策划之前，需要做好充分的准备工作，准备工作主要集中在3个方面：明确内容的定位、了解用户的特点及构建内容的生产方式。

1. 明确内容的定位

一般来说，在做一个账号之前，便需要确定这个账号的定位，即确定这个账号产出的内容是哪方面的，面对的用户又是哪些。明确了内容的定位，在做选题的时候就需要与定位相关。例如，运营者是做美妆类的内容，选题却是科技产品类的，这是不可以的。运营者的账号定位是美妆类，那么选题就必须要围绕美妆。

2. 了解用户的特点

在做小红书运营时，运营者最需要关注的便是用户，了解用户的特点、痛点、需求、痒点，只有满足了用户的需求，运营者的笔记才能够受用户欢迎。

当运营者刚开始进行小红书运营时，首先要明确账号的内容定位；之后，运营者可以去寻找同领域内比较受欢迎的运营者，分析他们粉丝最为关注的内容点。基于这些发现，运营者可以在内容中融入这些受欢迎的点，这样的笔记就会吸引更多的用户。

当运营者运营了一段时间的账号，积累了一定的经验和数据后，就可以开始尝试创新，制作一些新的内容，然后再分析相关数据和用户的画像，及时调整账号的内容。

3. 构建内容的生产方式

内容生产方式可以分为两种，分别是 UGC 和 PGC（Professional Generated Content，专业生产内容）。

3.1.4 积累选题

有很多运营者总能持续更新笔记，仿佛不会灵感枯竭，秘诀就是他们善于积累选题，有了丰富的选题库，他们在制作内容时就能保持稳定的更新频率，从而避免因断更而导致用户取消关注。

一般来说，积累选题可以从两个方面入手：一是从平台趋势中发掘选题；二是从同类运营者中寻找灵感。

1. 从平台趋势中发掘选题

从平台趋势中发掘选题，包括"发现"页刷笔记、搜索栏找热度、"创作灵感"中找灵感、官方账号蹭话题。除此之外，运营者也可以根据个人的爱好或擅长的专业来寻找选题。下面具体介绍帮助运营者快速掌握寻找选题的方法。

（1）"发现"页刷笔记。当用户点开小红书软件时，首先看到的便是"发现"页，如图 3.3 所示，因此"发现"页上的笔记最容易吸引用户，也最适合积累选题。

一般来说，用户在"发现"页刷到某个笔记主要有两个原因：一个原因是大数据算法了解了用户的喜好，根据喜好再推荐给用户；另一个原因是用户关注的运营者或者运营者的粉丝刷过的笔记，并可能与用户有所互动。因此，在"发现"页，运营者可以很好地了解到粉丝或者目标用户的喜好。

需要注意，当在"发现"页看到某一类不喜欢的笔记，或者希望平台更多地推荐一些高质量且符合运营者人设定位的笔记时，运营者可以通过在某篇笔记上长按屏幕来触发筛选功能，并进行相应的反馈，如图 3.4 所示。

图 3.3 "发现"页

图 3.4 筛选和反馈

（2）搜索栏找热度。搜索栏是个很好的工具，可以用来判断某个话题热度有没有下降。当运营者想要选择某个话题时，就可以去搜索栏进行搜索。图3.5所示为在搜索栏中搜索"新中式"关键词的界面；图3.6所示为在搜索栏中搜索"拍照"关键词的界面。在搜索栏中搜索这两个关键词，搜索栏中会出现很多的相关词条，而且还会告知这个词条的笔记数量，比如"新中式"有超过418万篇笔记，"拍照"有超过979万篇笔记。

在搜索页中，一般排名越靠前的关键词，搜索的人数也越多。点开相关的关联词，便可以找到需要细分的话题。

（3）"创作灵感"中找灵感。当运营者没有灵感时，可以去平台的"我"的"创作灵感"中找灵感，如图3.7所示，运营者只要点击"去发布"或"去使用"按钮即可发布或使用相关笔记。

图3.5 "新中式"关键词界面　　图3.6 "拍照"关键词界面　　图3.7 创作灵感界面

（4）官方账号蹭话题。小红书平台有许多官方账号，比如美食领域有"吃货薯"、健身领域有"运动薯"，它们的官方账号如图3.8所示。小红书平台的官方账号涵盖多个领域，内容丰富。

当运营者没有选题时，可以关注同领域的官方账号，一般这些账号都会发布优秀笔记案例或者一些有奖活动。

2. 从同类运营者中寻找灵感

从同类运营者中寻找灵感可以帮助运营者提高内容的垂直度，也更容易了解用户的喜好。一般来说，从同类运营者中寻找灵感包括以下3个方面。

（1）参考同类运营者。运营者不知道策划什么选题时，可以找和自己账号定位类似的优质运营者。例如，账号的定位是微胖穿搭，那么便可以找一些微胖穿搭的运营者，参考他们的内容，他们的笔记往往有着很高的参考价值。

但是，只可以参考，不可以照搬抄袭。运营者可以通过组合法和替换法来找选题。

图 3.8 "吃货薯"和"运动薯"的官方账号

1）组合法是将几个同一选题下的题目拆解，然后提取其中的关键词，再进行组合。怎么实施呢？以"阅读"作为关键词，可以将其组合成各种标题，阅读标题组合示例如图 3.9 所示。以"绘画"作为关键词，可以组合为"常见的 9 种绘画软件""零基础学画画""自学绘画打卡练习第一天"等。

图 3.9 阅读标题组合示例

2）替换法是将一个原有的标题替换使用，比如"这是王维诗里的 ×× 吗？"这个句式出自一个动画，为了表达主角送的红豆有着特殊的含义，即相思之意。很多运营者便运用其含义来代表自己所创作的内容是特殊的，并据此打造出既贴合内容又充满吸引力的标题，利用热门句式创作的笔记如图 3.10 所示。

49

图3.10 利用热门句式创作的笔记

（2）借鉴爆款笔记。借鉴爆款笔记不只是借鉴别人的笔记，也包括自己的笔记。运营者可以在自己爆款笔记的基础上进行加工，然后制作出一个新的笔记。运营者可以从以下两个方面进行创新。

1）侧重点。同一个选题侧重点不同，创作出来的内容也不同，如图3.11所示。比如同样是以下班后可以做的几件小事为选题，一个是侧重于利用下班后的时间做副业，而另一个则是侧重于利用下班后的时间培养爱好。

图3.11 同一选题侧重点不同的示例笔记

2）内容创新。同一个选题也可以进行内容创新，如干货分享类的选题。图 3.12 所示为内容创新的示例笔记。这两篇笔记都是关于给大学生就业方面的建议，一个是给应届生的就业建议，另一个则是在原来的基础上进行创新，即给出具体的建议内容。

图 3.12 内容创新的示例笔记

（3）记录热门评论。当运营者发布笔记时，可以在评论区引导用户互动，然后在热门评论中找到用户喜欢的内容，再进行创作，这样便能够吸引大多数人的关注，持续留住该账号的用户。图 3.13 所示为记录热门评论的笔记。

图 3.13 记录热门评论的笔记

3.2　小红书选题的方向

一个好的选题是一篇优质笔记的基础，一个热门的选题往往能给笔记带来非常高的初始热度。本节具体介绍怎么抓选题方向。

3.2.1　参考热门话题

小红书作为一个分享型平台，以记录用户生活为核心，因此在小红书平台中会存在各种各样的话题，所以选题方向众多。在思考如何选题时，运营者可以参考已有的热门话题。

1. 女性方向的话题

在中国的经济市场中，女性消费者占比较大，对社会起着非常重要的作用。而且小红书作为具有一定消费功能的社交分享型平台，更能满足女性的消费欲望，因此在小红书中，女性是消费的主力军。图 3.14 所示为小红书中男女性用户比例。可以看出，女性用户比男性用户更多。

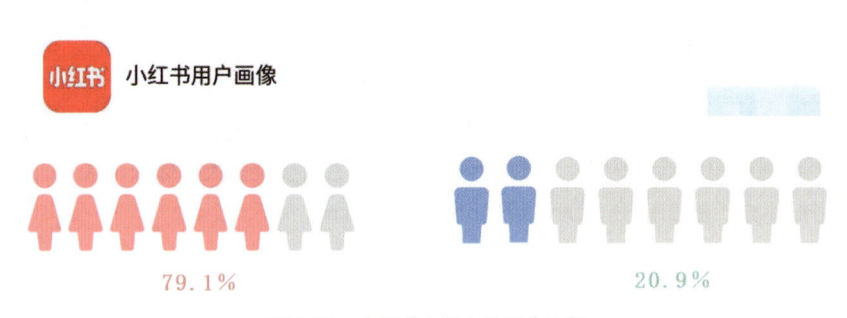

图 3.14　小红书中男女性用户比例

除此之外，在家庭中，女性扮演了多种角色，女性消费市场是一个潜在的广阔市场，所以女性方向的话题往往是热门话题。那么，有哪些女性方向话题呢？

（1）彩妆。毫无疑问，彩妆就是其中之一。在小红书中，20 岁到 30 岁的女性占比较大，而彩妆是她们日常关注的重点话题之一。

一般来说，彩妆类话题的笔记主要包括 4 种，第 1 种是彩妆单品推荐的笔记，如图 3.15 所示；第 2 种是试色类笔记，如图 3.16 所示。需要注意，在小红书平台中，这两种笔记同质化现象比较严重。第 3 种是仿妆类笔记，如图 3.17 所示，仿妆教程对博主的要求比较高。如果在仿妆类笔记中加入教程，也会吸引更多的用户关注。第 4 种是化妆教程类笔记，如图 3.18 所示。

（2）护肤。护肤也是女性方向话题中必不可少的一个话题。现在的女性越来越注重保养皮肤，因此也就有了许多关于护肤类的笔记。

在小红书中，护肤类笔记的话题一般有护肤单品的推荐、护肤知识的科普等，如图 3.19 所示。

图 3.15　彩妆单品推荐的笔记　　　　　图 3.16　试色类笔记

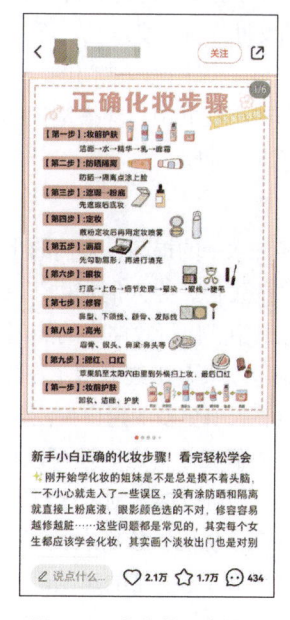

图 3.17　仿妆类笔记　　　　　　　　　图 3.18　化妆教程类笔记

（3）美发。头发的打理也是女性关注的一个热门话题，女性出去游玩、约会时，她们往往会将头发的打理当作重要一环。

在小红书平台中，美发一般包括发型设计、编发教程、烫染技术等话题，如图 3.20 所示。

（4）时尚。时尚的概念比较宽泛，有时尚单品、时尚穿搭等，因此运营者可以根据排行等相关信息，选取合适的关键词。

图3.19　护肤类笔记　　　　　图3.20　美发话题类笔记

（5）穿搭。所谓衣食住行，衣是首位。从一个人的穿搭往往能看出一个人的性格。越来越多的女性注重改变自己，不仅是从发型、妆容等方面，穿搭也在其中。

穿搭是小红书上比较热门的一个话题，平台官方也开设了账号，为用户推送相关的穿搭指南。在小红书中，穿搭笔记的内容主要是各种各样的穿搭模板，运营者可以根据自己的喜好进行选择。

2. 出行攻略类话题

随着经济水平的提高，人们的生活逐渐富足，越来越多的人会在假期选择外出旅游。而网络技术的发展，为人们提供了便捷的攻略查询渠道，小红书平台中便有着大量的攻略。在小红书中，出行攻略类的热门话题主要有两个：一个是旅行；另外一个是探店。

（1）旅行。很多小红书博主在旅行之后，便会将旅途中的风景分享出来，而这些优美的图片能够吸引更多的用户关注，如图3.21所示。

此外，人们在旅行之后还可以将自己的游玩攻略发布出来，这样每当有用户想要去景点游玩时，便可以搜索到以这篇笔记作为参考，如图3.22所示。

（2）探店。探店与旅行有相似之处，都是通过自己去体验，然后向用户分享个人的感受，提供种草或是排雷的建议。

3. 学习技能类话题

在小红书上，学习技能类的话题占比也较大。一些能够帮助用户提升知识储备的笔记，也会引起他们的观看兴趣。

（1）工作学习。工作学习一般以干货类笔记为主，例如工作计划、学习计划、日常学习、时间管理等，图3.23所示为学习计划类笔记。想要选择这类话题的运营者最好是有着相关的理论知识储备，或者有自身的经验、方法，然后根据相关的知识储备和经验来创作。

图 3.21　旅行照片分享类笔记　　　　　图 3.22　旅行攻略类笔记

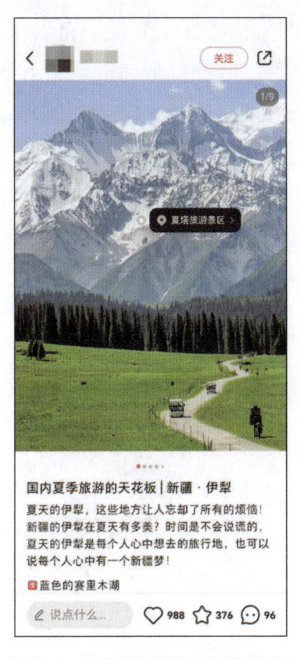

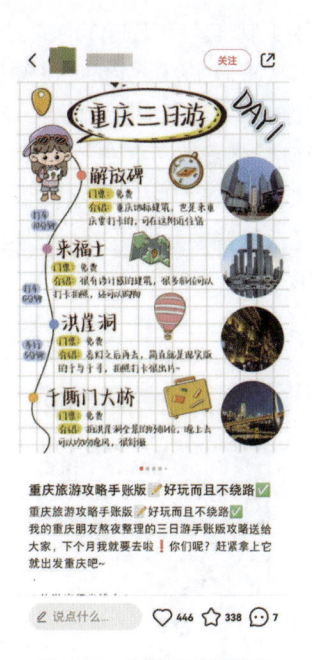

这类运营者最好是在个性签名或者在自我介绍中将自身的学习或者工作的相关经验写进去，这样运营者所发布的相关笔记才能更有说服力。

（2）读书笔记。读书笔记主要包括一些读书笔记的分享、书单推荐等，如图 3.24 所示。

图 3.23　学习计划类笔记　　　　　　　图 3.24　读书笔记类笔记

（3）手工制作。手工制作的覆盖范围很广，根据不同的分类其下有着不同的种类。做这类内容要求博主有一定的专业知识。手工制作话题本身就很有互动性和趣味性，而且有些手工制作并不是很难。因此，一些喜欢手工制作并且有一定手工制作能力的运营者可以选择这个话题，手工制作类笔记如图3.25所示。

（4）摄影。在学习技能中，摄影也是热门话题。很多摄影爱好者都会分享自己拍摄的作品，甚至一些专业的摄影人士还会在平台上分享关于摄影技巧类的笔记，如图3.26所示。摄影这一话题在小红书平台上也有着较高的热度。

图3.25　手工制作类笔记　　　　图3.26　摄影类笔记

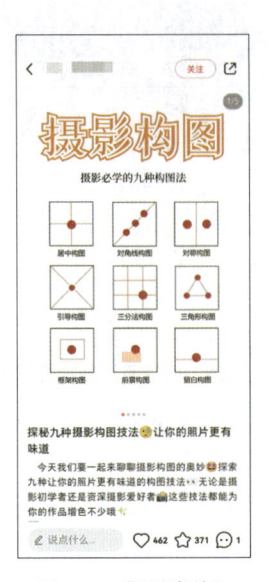

4. 娱乐影音类话题

娱乐影音类话题是很多人喜欢浏览的内容，因此在各大平台，娱乐影音类话题一直都是用户关注的热门话题之一。在小红书中，娱乐影音类话题主要包括影视推荐、明星相关、音乐分享等。

（1）影视推荐。影视推荐就是将一些影视剧以视频、图文的形式分享出来，前提是获得授权，如图3.27所示。

（2）明星相关。明星自带热度，不管是哪个平台，明星的入驻都能带来一定的流量。因此，可以结合明星的一些相关元素制造话题。例如明星仿妆、明星同款等，如图3.28所示。

（3）音乐分享。在娱乐影音类型中，音乐分享也是一个热门话题，其中包括歌单推荐、主题歌单等，如图3.29所示。

5. 科技电子类话题

科技电子类也是一个热门话题，主要包括科学实验、电子产品等领域。科学实验最好是生活中能够实现的且没有风险的实验，防止出现安全问题，如图3.30所示。

电子产品类话题要求博主对各类产品有一定的了解，专业性较强，如图3.31所示。

图 3.27　影视推荐类图文笔记 　　　图 3.28　明星类话题笔记 　　　图 3.29　音乐分享类话题笔记

图 3.30　科学实验类话题笔记 　　　　图 3.31　电子产品类话题笔记

6. 生活记录类话题

小红书的宣传语就是"标记我的生活",因此生活记录类的话题在平台上必不可少,不管是学生还是宝妈都乐意在其中分享自己的生活。在小红书中,生活记录类的相关话题主要有以下 6 种。

(1)生活日常。生活日常话题包含许多种类,也可以与其他的话题进行合并,例如工作日常、护肤日常等,如图 3.32 所示。

57

（2）晒娃日常。在小红书平台中，晒娃也是热门话题之一。随着亲子节目的流行和网络平台的快速发展，越来越多的父母喜欢将自己孩子的日常展示在网络上。通过将孩子可爱的、搞笑的瞬间发布出来，也能够吸引用户的关注，如图3.33所示。

图3.32　生活日常类话题笔记 　　　　图3.33　晒娃日常类话题笔记

（3）宠物日常。一些喜爱宠物却又不打算饲养的用户喜欢在网络上关注这一话题。一些宠物的搞笑视频也能吸引用户的注意。图3.34所示为宠物日常类话题笔记。

（4）搞笑视频。搞笑视频也是热门话题，大多数人都喜欢在放松时观看搞笑视频。搞笑视频的形式多种多样，例如影视剧的片段剪辑（获得授权为前提）、自制的搞笑视频、搞笑对话的剪辑等，如图3.35所示。

图3.34　宠物日常类话题笔记 　　　　图3.35　搞笑视频类话题笔记

（5）家居装潢。家居装潢话题主要包括租房改造、家居装修、家居好物推荐等，如图 3.36 所示。

（6）生活妙招。生活妙招话题主要是干货整理类，其形式主要是图文、视频两种方式。

图 3.36　家居装潢类话题笔记

7. 知识科普类话题

知识科普类话题覆盖领域比较广泛，既包含日常生活中小知识的科普，也包含健康知识的科普等，并且知识科普类的话题也是人们比较喜欢的话题，下面针对花草知识和养生知识话题进行介绍。

（1）花草知识。花草知识是知识科普类话题中比较热门的话题，一些喜欢花草的专业人士可以将相关知识发布出来，包含花草种类的相关知识、花草种植的相关教程等，如图 3.37 所示。这类笔记有一定的价值，能让用户在观看后了解相关的知识，并且不懂的内容可以在评论区讨论，既增强了互动性，也提高了热度。

（2）养生知识。随着人们的健康意识日益增强，越来越多的人开始关注健康问题。养生知识也是一大热门话题，这类话题主要包括饭后养生、冬季养生、食补知识等，如图 3.38 所示。

图 3.37　花草知识类话题笔记 　　　图 3.38　养生知识类话题笔记

3.2.2　注重关键词

在小红书中，关键词也可以作为选题的依据之一，运营者可以从以下 3 个方面切入。

1. 搜索发现

在小红书的搜索界面中，会有一个"小红书热点"栏目，该栏目会向用户呈现近期搜索次数最多的词条，如图 3.39 所示。

这类词条是近期小红书用户搜索最多的内容，因此与之相关的笔记热度就会很高，且容易被系统推荐。

需要注意，"小红书热点"栏目中的词条可能会根据个人的搜索习惯进行一定的调整，因此在确定选题时，一定要多了解词条的具体热度情况。

图 3.39　"小红书热点"栏目

2. 搜索框中的联想词

在很多平台中，当在搜索框中输入一个词时，便会出现与之相关的联想词，小红书也是如此。例如，当输入"眼影""美食"等相关词条时，便会出现与之相关的联想词，如图 3.40 所示。

一般而言，这些词往往定位精准，当用户点进这些词条时，所呈现笔记的内容主题都与搜索的词相关。

3. 细分关键词

在根据"小红书热点"栏目和搜索框中的联想词挖掘出需要的热门关键词之后，还可以对这些词进行细分。

图3.40　小红书平台搜索框中关于"眼影"和"美食"的联想词

例如，在"租房改造"这个关键词中细化出"租房改造复古风"，如图3.41所示。将关键词细分之后，缩小了选题的范围，能够更加精准地找到用户，与其他大范围选题相比较，竞争压力相对较小。

图3.41　关键词细分案例笔记

但是，在关键词中挖掘选题时，一定要注意以下两点：一是切勿在笔记中堆砌关键词；二是在标签中加入关键词，如图3.42所示。

总而言之，关键词是提高笔记热度的一个重要方式，挖掘出正确的关键词，并加上创新，一定会提升笔记的曝光度。

61

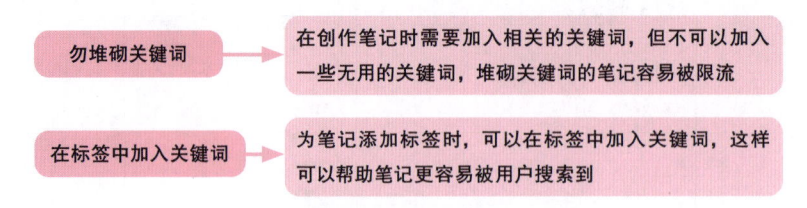

图3.42　在关键词中挖掘选题应注意的两点

3.3　使用AIGC辅助小红书运营者策划选题

如何精准定位选题，让内容脱颖而出成为每位小红书运营者关心的大事，而AI技术的融入为运营者带来了革新性的解决方案。通过AIGC辅助小红书选题，不仅能够高效捕捉潮流趋势，还能深度洞察用户偏好，为内容创作保驾护航。本节将介绍利用AIGC技术辅助选题策划，让笔记更加贴近用户。图3.43所示为通义页面。

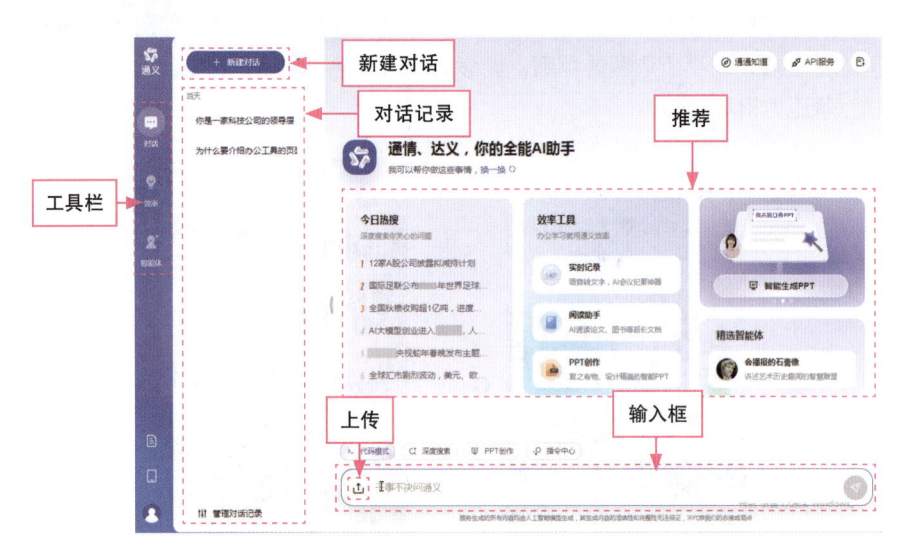

图3.43　通义页面

3.3.1　提示词输入与关键词分析

使用AIGC辅助小红书运营者策划选题时，提示词的输入与关键词分析是至关重要的一步。以下是一些具体的方法，可以帮助运营者更有效地利用AIGC工具来优化选题过程。

（1）精确输入提示词：在输入提示词时，尽量选择精确、具体的词汇，并根据想要撰写的内容主题，如穿搭、美食、旅行等，输入相应的提示词，这有助于AIGC工具更准确地理解需求。

用户进入通义官网并登录账号，在输入框中输入提示词，单击按钮，发送提示词，即可生成相应的内容，相关案例如下。

提示词

我想写一篇关于彩妆分享的小红书笔记，有哪些合适的选题方向，可以吸引更多用户观看？

通义

为了写一篇能够吸引更多用户观看的彩妆分享小红书笔记，你可以考虑以下几个选题方向：

1. 热门眼妆技巧分享

数据显示，眼妆是用户特别感兴趣的主题，尤其是大眼妆。可以创建类似"大眼公式分享！"或"三倍大眼教程"的内容，专注于教授如何通过特定技巧达到理想的眼妆效果。

2. 针对不同眼型的化妆建议

例如单眼皮、双眼皮、肿泡眼等不同类型的眼睛，并提供适合每种眼型的独特化妆方法。这不仅能满足受众的广泛需求，还能体现出你的专业。

3. 产品评测与推荐

对市场上流行的眼线笔、眼影盘、睫毛膏等进行评测，或者根据季节变化推出新品试用报告。如结合节日（如圣诞节）推荐限定版彩妆品。

4. 场景化妆指导

结合不同的使用场景，如约会、婚礼、毕业典礼等场合设计相应的妆容。比如"约会必备浪漫粉系眼妆"，或是"职场白领日常通勤快速上手妆"。

……

（2）分析热门关键词：AIGC 工具会基于大数据分析，提取热门文案和笔记中的关键信息，运营者可以利用这些分析结果，了解当前用户最感兴趣的话题和趋势。同时，运营者可以通过分析用户搜索习惯和需求，了解高搜索量关键词，这有助于把握市场热点，选择更具有吸引力的选题。

（3）拓展关键词：AIGC 工具还能根据输入的提示词，拓展出与之相关的其他词汇，如图 3.44 所示，这有助于运营者发现新的选题角度和思路。除了热门关键词外，还可以考虑使用长尾关键词。

图 3.44　AIGC 工具拓展出的与提示词相关的其他词汇

（4）评估关键词效果：在生成选题后，可以通过观察相关笔记的阅读量、点赞数、评论数等数据，来评估关键词的效果，这些数据能够直观反映选题对用户的吸引力。根据评估结果，不断优化关键词的选择和组合，以提高选题的针对性和吸引力。

3.3.2 角色扮演与场景化选题

使用 AIGC 辅助小红书运营者策划选题时，角色扮演与场景化选题是两种非常有效的方法，可以帮助运营者更精准地定位目标用户，生成符合市场需求的内容。下面是关于这两种方法的详细解析。

1. 角色扮演

角色扮演是指让 AIGC 以特定身份或角色的视角来提供选题思路，这种方法能够确保选题更加贴近目标用户的喜好和需求，同时增加内容的情感共鸣和实用性。通过 AIGC 进行角色扮演来确定选题的实施步骤如下。

（1）明确角色设定：确定 AIGC 将要扮演的角色，如一名小红书平台的美食博主、数码领域运营者等，并详细描述该角色的基本信息，如目标用户、兴趣爱好、专业技能等。

（2）构建具体场景：根据角色设定，构建一系列具体场景，如美食博主可能面对的烹饪挑战、数码运营者可能解答的用户疑问等。

（3）提出需求：通过提问引导 AIGC 结合角色设定和具体场景，提供选题思路。

（4）评估与调整：根据 AIGC 提供的选题思路进行评估，看是否符合目标用户的喜好和需求，再根据评估结果对角色设定或提问方式进行调整，以获得更满意的选题。

2. 场景化选题

场景化选题是通过构建特定的使用场景来指导 AIGC 生成选题，这种方法能够帮助运营者更好地理解目标用户在特定情境下的需求和痛点，从而生成更具针对性的内容。下面介绍构建一个具体场景，引导 AIGC 生成相关选题的实施步骤。

（1）构建目标用户画像：详细描述目标用户的性别、年龄、地域、职业、生活状态、价值观、消费观等特征。

（2）设定使用场景：根据目标用户画像，设定一系列可能的使用场景，如社交媒体、娱乐与游戏、学习与阅读等。

（3）分析问题与需求：分析在每个使用场景中，目标用户可能会遇到的问题与需求，通过提问引导 AIGC 思考问题的解决方案，并生成相关的选题。

（4）细化选题：对 AIGC 生成的选题进行细化，确保它们既符合目标用户的需求，又具有可操作性和吸引力。

（5）验证与调整：通过市场调研或用户反馈等方式验证选题的可行性和受欢迎程度，再根据验证结果对选题进行调整和优化。

AIGC 能够结合角色设定和具体场景，生成更符合目标用户需求的选题，从而为运营者提供选题思路，帮助其提高内容的吸引力和实用性，相关案例如下。

提示词

随着审美的变化，现在许多年轻人很注重身材管理，但是又不爱运动，或是难以坚持锻炼。假设你是一名健身博主，目标用户是注重身材管理的年轻人，你有哪些选题方向来创作你的小红书笔记？

通义

作为一名健身博主，针对那些注重身材管理但又不爱运动或是难以坚持锻炼的年轻人，你可以设计一系列既吸引人又能实际帮助他们的选题。以下是一些可能的选题方向。

1. 轻松入门系列

适合初学者的低强度家庭锻炼指南。

不需要健身房的简单塑形动作介绍。

2. 无器械锻炼计划

利用自身重量进行的有效训练，如俯卧撑、深蹲等。

办公室或家中可做的微运动，比如站立办公时的小腿提升练习。

3. 饮食与生活习惯调整

健康饮食的基础知识和实用技巧，例如"5分钟快速健康早餐"。

如何通过日常习惯（如步行上下班、使用楼梯而非电梯）增加活动量。

4. 科技辅助健身

推荐适合懒人的智能穿戴设备，跟踪步数、卡路里消耗等。

展示如何利用手机应用程序来规划和监控个人的健康目标。

……

3.3.3 AIGC小红书系列化选题

AIGC小红书系列化选题是利用AIGC技术或工具来规划、生成和优化一系列相关联、有逻辑顺序的小红书笔记主题。这些主题围绕一个核心思想、主题或品牌信息展开，旨在通过一系列相互关联的内容来吸引、保持并增加用户的兴趣和参与度。具体来说，AIGC小红书系列化选题涉及以下几个关键步骤。

（1）核心主题确定：基于市场研究、用户需求和品牌定位，确定一个核心主题或故事线。这个主题可能是生活方式、时尚潮流、健康饮食、旅行探险等领域的某个方面。

（2）AIGC辅助选题生成：利用AIGC技术或工具，如自然语言处理算法、内容生成器或市场调研平台，输入核心主题，生成一系列与之相关的子话题或细分选题。这些选题可以是问题解答、技巧分享、产品评测、趋势分析等形式，它们之间相互关联，共同构成一个完整的内容体系。

（3）内容规划与排序：在AIGC生成的选题基础上，根据内容的相关性、重要性和目标用户的兴趣点，对选题进行排序和规划。制定一个有条理的内容发布计划，确保系列化内容能够按照逻辑顺序和时间节奏持续推出。

（4）内容创作与优化：结合 AIGC 生成的选题框架和个人专业知识，进行具体的内容创作。在创作过程中，可以根据 AIGC 工具提供的标题建议、关键词推荐等优化内容，提升其吸引力和可读性。

（5）数据驱动调整：通过小红书平台提供的数据分析工具，监测系列化选题笔记的表现情况，如曝光量、阅读量、点赞数、评论数等关键指标。根据数据分析结果，对后续的选题方向和内容进行迭代和优化，以确保系列化选题始终贴近用户需求和市场趋势。

AIGC 小红书系列化选题的优势在于能够借助 AIGC 的力量，快速生成高质量、有逻辑的选题，同时降低运营者的工作量，提高内容创作的效率和一致性。另外，AIGC 系列化选题还有助于构建品牌形象、增强用户黏性，并在小红书平台上形成持续的影响力。

3.3.4　AIGC 小红书多样化选题

AIGC 小红书多样化选题是利用 AIGC 技术或工具，在小红书平台上生成多种类型、多种风格、多种角度的选题，以满足不同用户群体的需求和兴趣。这种多样化选题策略旨在提升内容创作的丰富性和吸引力，从而增加笔记的曝光量、阅读量和互动量。

具体来说，AIGC 小红书多样化选题包括以下几个方面。

（1）内容类型多样化：利用 AIGC 技术生成包括教程、评测、分享、问答、故事、挑战等多种类型的内容选题，这些不同类型的选题可以满足用户对于不同形式内容的需求，增加内容的多样性和趣味性。

（2）话题领域多样化：覆盖时尚、美妆、美食、旅行、家居、教育、科技等多个领域的话题。通过 AIGC 技术分析不同领域的热门趋势和用户需求，生成与之相关的多样化选题，从而吸引更广泛的用户群体。

（3）风格与角度多样化：在同一领域内，也可以生成不同风格和角度的选题。例如，在美妆领域，可以既有关于日常妆容的分享，也有关于专业化妆技巧的教学；在旅行领域，可以既有攻略性质的笔记，也有情感分享类的游记。这种多样化的风格和角度可以满足不同用户的偏好和需求。

（4）目标用户定位多样化：AIGC 技术还可以帮助运营者进行目标用户分析，根据用户的年龄、性别、地域、兴趣等特征，生成针对不同目标用户群体的多样化选题，这样可以更加精准地推送内容，提高用户的黏性和参与度。

（5）结合时事热点与节日活动：AIGC 技术可以实时分析网络上的热门话题和节日活动，生成与之相关的多样化选题，这些选题往往具有较高的关注度和讨论度，可以吸引更多用户的关注和参与。

（6）个性化推荐：基于用户的浏览历史和互动行为，AIGC 技术可以为用户推荐个性化的选题。这种个性化的推荐可以提高用户的满意度和忠诚度，同时也有助于运营者发现潜在的用户群体和创作方向。

为了实现小红书多样化选题，运营者可以借助各种 AIGC 工具和平台，如文心一言、Kimi、通义、DeepSeek 等，这些工具可以帮助运营者快速生成大量选题，同时提供优化建议，提高内容创作的效率和质量。

总的来说，使用 AIGC 进行小红书多样化选题是一种高效、智能的内容创作策略，它可以帮助运营者在小红书平台上生成丰富多样的内容，满足不同用户群体的需求和兴趣，从而提升笔记的曝光量、阅读量和互动量。

本章小结

本章首先介绍了小红书选题的策划内容，包括选题概述、选题标准、选题方法、积累选题等；然后介绍了小红书选题的方向，主要介绍了 7 种热门话题内容和关键词的重要性；最后探讨了运营者如何使用 AIGC 辅助小红书选题，包括提示词输入与关键词分析、角色扮演与场景化选题、AIGC 小红书系列化选题及多样化选题等技巧。

课后实训

鉴于本章知识的重要性，为了帮助读者更好地掌握所学内容，本节将通过课后实训，帮助读者进行简单的知识回顾和补充。

实训任务：使用 3.3.1 小节所介绍的方法，生成一篇小红书的选题方案，相关案例如下。

提示词

我想写一篇关于摄影类的小红书笔记，有哪些合适的选题方向，可以获得更多人喜欢？

通义

撰写一篇受欢迎的摄影类小红书笔记，你可以考虑以下几个选题方向，这些选题旨在吸引不同的兴趣群体，并提供有价值的内容。

1. 摄影技巧与教程

分享基础到高级的各种摄影技巧，如构图法则、光线利用、色彩搭配等。

提供针对不同场景（风景、人像、夜景等）的具体拍摄指导。

2. 器材评测与推荐

对比评测不同品牌或型号的相机、镜头和其他配件，帮助新手选择合适的装备。

推荐适合特定需求或预算的最佳产品，例如"初学者必买的 5 款入门级单反"。

3. 创意摄影灵感

激发创意的摄影项目，如主题拍摄、概念摄影、实验性作品等。

介绍一些非传统的摄影手法，如长时间曝光、多重曝光等。

……

小红书的标题打造

第 4 章

标题如同服装之于个人形象，是人们对内容的第一印象。一个精心设计的标题能瞬间抓住用户注意力，因此运营者若想快速吸引用户，必须重视小红书标题的打造。如今，借助AIGC生成标题已成为高效创新的选择。本章将重点探讨如何利用AIGC打造爆款标题，从而提升小红书内容的点击率。

4.1 小红书标题的写作技巧

标题是吸引用户注意的第一道关卡。在浏览笔记时，用户能获取的信息有限，标题往往成为判断内容价值的关键依据。可以说，一个成功的"爆款"标题，已经为优质笔记奠定了良好的基础。本节将分享小红书标题的写作技巧。

4.1.1 标题创作的原则

其实，标题创作也是有原则的。运营者在创作标题时，参照以下 4 个原则，标题会更具新意，如图 4.1 所示。此外，运营者还可以在此基础上，加入一些其他有创意的元素，如加上一些小表情，可爱且生动，吸引用户阅读。

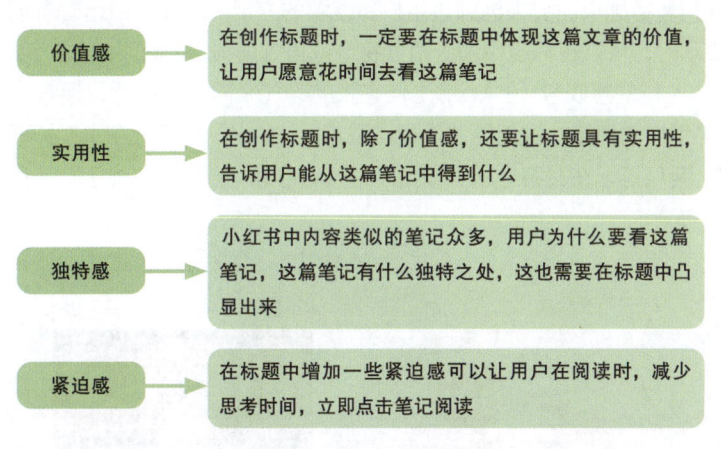

价值感	在创作标题时，一定要在标题中体现这篇文章的价值，让用户愿意花时间去看这篇笔记
实用性	在创作标题时，除了价值感，还要让标题具有实用性，告诉用户能从这篇笔记中得到什么
独特感	小红书中内容类似的笔记众多，用户为什么要看这篇笔记，这篇笔记有什么独特之处，这也需要在标题中凸显出来
紧迫感	在标题中增加一些紧迫感可以让用户在阅读时，减少思考时间，立即点击笔记阅读

图 4.1 标题创作的原则

4.1.2 标题的作用

运营者在创作一篇笔记时，就好像与他人对话，当一个人的穿搭得当，那么别人对其第一印象也就好。一篇好的文章，没有一个好的标题，就好像一个人虽有满腹才华但因第一印象不佳而被拒绝。

此外，现在是信息爆炸的时代，人们往往是在几秒钟的时间内来决定是否观看这篇笔记，因此标题有着很大的作用。那么，一个好的标题具体有哪些作用呢？图 4.2 所示为标题的作用。

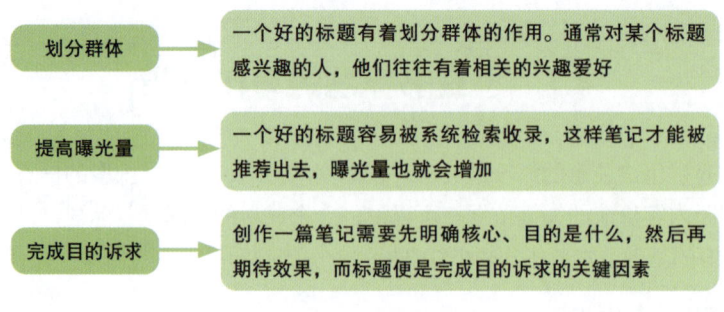

划分群体 → 一个好的标题有着划分群体的作用。通常对某个标题感兴趣的人，他们往往有着相关的兴趣爱好

提高曝光量 → 一个好的标题容易被系统检索收录，这样笔记才能被推荐出去，曝光量也就会增加

完成目的诉求 → 创作一篇笔记需要先明确核心、目的是什么，然后再期待效果，而标题便是完成目的诉求的关键因素

图4.2　标题的作用

4.1.3　加入符号和助词

当用户在向别人推荐喜欢的笔记时，往往是带有很多情绪的，有时用户的朋友受到情绪感染便会去浏览该用户所推荐的笔记。因此，当运营者创作一篇推荐类文章时，可以在标题中加入语气符号或语气助词。

例如，加入一些感叹号（！），用比较夸张的语气来向别人推荐，通常这样的标题能够极大地感染用户的情绪，进而促使他们点进正文。图4.3所示为在文案标题中使用语气符号的笔记，两篇笔记在文案标题中使用了语气符号和"震惊""绝了"等词语，让标题无形之中生动起来。

图4.3　在文案标题中使用语气符号的笔记

可以看到，两篇笔记标题中都运用了icon（图标、图符）符号，醒目的红色更加吸引人；而在左边的笔记中，图片中每句话的后面都加了感叹号，让用户能够感受到创作者的激动心情。

需要注意，在一篇文章中不能过于频繁地使用语气符号和语气助词，会让用户产生不靠谱的印象。因此，正确地使用语气助词，让笔记标题更加活泼，从形式上吸引用户的注意力也是非常重要的。

4.1.4　使用关键词

虽然小红书社区的内容输出以图片为主，但标题的重要性不可小觑。标题是对笔记内容的总结与概括，用户在小红书使用搜索功能搜索感兴趣的内容时，标题会影响用户的搜索结果。因此，如何在标题中使用关键词，让用户搜索时能够看到运营者的笔记，提高曝光概率，是创作者和运营者需要重点关注的要点。

"瘦身""变美""打卡""夏日""文艺""旅游""美食""穿搭"等都是小红书的热门关键词。此外，在首图中添加标签，为笔记添加话题，同样也能提高笔记的曝光概率。

在分享春日踏青的笔记（图4.4）中，运营者不仅在标题中加入"春日风光"关键词，还在笔记中添加"春日风光"的话题，极大地提高了笔记的曝光概率。

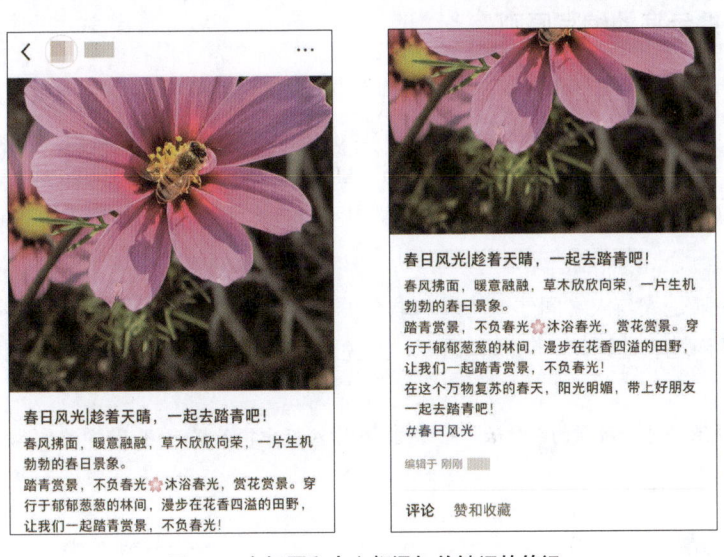

图4.4　在标题和内文都添加关键词的笔记

4.2　小红书标题的AIGC提示词编写技巧

使用AI工具生成小红书标题文案需要给出相应的提示词，给予AI一定的提示，越是清晰、具体的提示词，运营者越能获得所期待的答案。本节将介绍提示词的编写原则、编写技巧、拆解爆款标题的提问步骤和注意事项。本节以AIGC工具橙篇为例，主要介绍用AIGC编写标题的提示词技巧，从而让AIGC生成的文案更符合需求。

需要注意，本节介绍的技巧是通用的，除了在橙篇中适用，在其他AIGC写作工具中也适用。图4.5所示为橙篇网页版的页面。

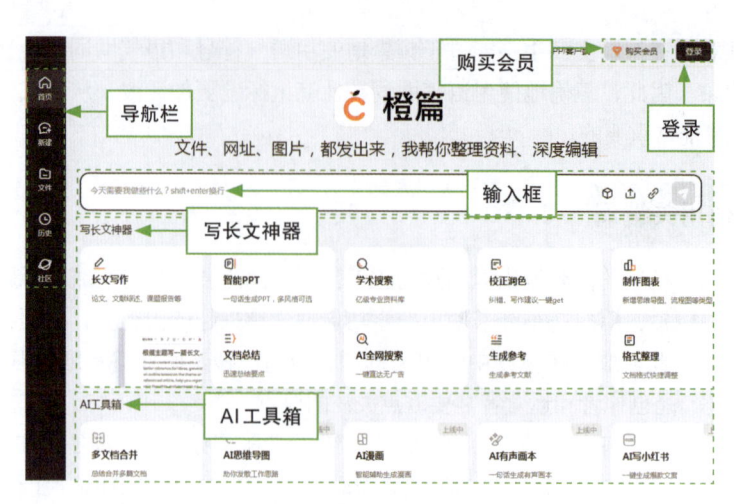

图4.5　橙篇网页版的页面

4.2.1　提示词的编写原则

AIGC是基于深度算法的对话聊天模型，通过处理输入的文本（如用户的问题或陈述），然后使用复杂的算法来生成适当的响应。运营者若想获得有效的回复，则需要与其建立清晰、流畅的沟通，通过AIGC编写小红书标题文案也是如此。运营者在要求AIGC生成标题文案之前，可以先了解提示词的编写原则，具体介绍如下。

1. 语言明晰原则

语言明晰是人与人之间建立沟通与联系的重要因素，运营者在与AIGC沟通时也一样，应该准确地表达词意、句意和语意，避免使用一些模棱两可或有歧义的词语。相关操作如下。

步骤 01 登录并进入橙篇的"对话"页面，❶在输入框中输入提示词；❷单击 按钮，如图4.6所示。

图4.6　单击相应按钮

72

步骤 02 执行操作后，即可发送提示词，橙篇即可生成相应的小红书标题，相关提示词及回复内容如下。

🧑 提示词

我是一个旅游博主，旅游地是云南大理，请提供5个小红书风格的标题，每个不超过20个字。

🍊 橙篇

好的，没问题！这里有5个适合小红书的云南大理旅游标题，每个都少于20个字：
大理的云，偷走我的心！
遇见洱海，温柔了时光。
在大理，晒晒太阳就好。
白族风情，一眼万年呀。
洱海日落，美到失语。

在上面的案例中，提示词"小红书风格"准确地传达了要获取的文案类型，即符合小红书平台特色和用户喜好的标题文案；"标题"直接明了地说明了运营者要的是用于标题的文案，而非其他类型的文案（如正文、广告词等）。

2. 简明扼要原则

简明扼要原则一方面是用语简洁，但不限于字数的要求，能够让 AIGC 理解并给予回应即可；另一方面是简单的提示，尽量不使用符号或切线，确保 AIGC 能够准确理解提示词，相关案例如下。

🧑 提示词

请为主题为"美丽杭州"的小红书笔记提供5条标题文案参考。

🍊 橙篇

当然可以，以下是5条适合"美丽杭州"主题的小红书笔记标题文案。
1.【杭州秘境】藏在西湖边的静谧角落，每一帧都是桌面壁纸！
2. 探秘杭州：从古老巷弄到繁华夜景，一文带你玩转这座江南水乡！
3. 春日限定！杭州最美的樱花大道与你不期而遇，浪漫指数爆表！
4. 泛舟西湖，漫步苏堤——杭州的诗意生活，等你来体验！
5. 镜头下的杭州：用照片记录这座城市的四季更迭与人文风情。
希望这些标题能够吸引用户的眼球，并激发他们对杭州的兴趣。

3. 关联需求原则

AIGC 虽然能够进行连续性的回复，但其生成的回复属于直线式的思考，即一个提问对应一个答案。因此，在编写提示词时，需注意紧扣自己的需求，尽量不要引入不相关

73

的话题，以免分散 AIGC 的注意力，相关案例如下。

🧑 提示词

请为小红书旅行视频写 10 条用于宣传的标题文案，字数均等，像"好玩，快行动起来"这种太直白的不行。

🍊 橙篇

1. 探秘古老小镇，寻味历史的余韵与现代交融之美。
2. 穿越山川湖海，邂逅那不期而遇的唯美日落奇观。
3. 踏上异国土地，体验一场舌尖上的环球美食之旅。
4. 徜徉艺术之都，感受每一寸空气中的创意与灵感。
5. 漫步静谧森林，聆听大自然奏响的生命交响曲。
6. 造访神秘村落，揭开被时间遗忘的传统生活面纱。
7. 沉浸星辰大海，见证夜空下最浪漫的心灵放逐地。
8. 探索未知洞穴，挑战自我极限于地下世界的奇迹。
9. 畅游活力都市，捕捉街头巷尾跳跃着的时代脉搏。
10. 放松身心岛屿，享受远离喧嚣尘世的宁静绿洲。

4.2.2 提示词的编写技巧

提示词的编写技巧如下。

1. 明确目的

在向 AIGC 提问之前，或者编写提示词之前，需要先明确目的是什么，清楚地知道想要 AIGC 提供的内容是什么，是提供咨询、寻求解决方法还是随意交谈？想要 AIGC 提供小红书标题文案，那么"提供小红书标题文案"就是编写提示词的目的。

2. 具体描述

在明确了目的之后，可以围绕目的进行具体的语言描述，以确保 AIGC 能够理解并给予回应。例如，在明确了目的是让 AIGC "提供小红书标题文案"之后，再添加具体的描述"给我 6 个有关绘画领域的小红书短视频标题文案"，即可让 AIGC 生成相应的内容，相关案例如下。

🧑 提示词

给我 6 个有关绘画领域的小红书短视频标题文案。

🍊 橙篇

1.【色彩的秘密】揭秘大师级油画中的用色技巧，带你看懂画布上的彩虹世界。

2.【线条的生命】从简笔到素描，探索线条如何赋予纸张以生命力，勾勒出灵魂的轮廓。
3.【创意工坊】当传统遇见现代：融合古今元素的独特绘画风格是如何诞生的？
4.【光影魔术】水彩与光线交织的梦幻：捕捉瞬息万变的自然美景于画纸之上。
5.【角色扮演】插画师的日常：创造属于自己的故事人物，让想象跃然纸上。
6.【永恒之美】壁画修复背后的故事：穿越时空，还原历史遗迹的辉煌原貌。

3. 善于引导

在与 AIGC 对话时，可以适当引导或鼓励 AIGC 提供更深入的信息或深入研究某个主题，相关案例如下。

提示词

提供 5 个小红书风格的家电类直播带货的标题文案建议。

橙篇

1.【智能生活新体验】解放双手，享受未来——[品牌名]智能家电带你进入便捷生活新时代！
2.【厨房革命】健康饮食从这里开始——[品牌名]多功能料理机，一机在手，美食无忧！
3.【家居美学】不只是电器，更是艺术品——[品牌名]空气净化器，为家增添一抹清新的科技蓝！
4.【温馨守护】每个细节都为你考虑——[品牌名]静音洗衣机，夜间洗衣也不打扰美梦的贴心选择。
5.【节能高效】环保与经济并行——[品牌名]变频空调，四季舒适，全年省电，让你的钱包也轻松！

以上标题文案旨在吸引目标用户的注意，并突出产品的特点和优势，适合小红书直播带货时使用。记得根据实际产品特性调整文案内容哦！

4. 把控对话方向

在与 AIGC 对话的过程中，需要把控对话的方向，根据对话的内容进行实时调整，以保证话题不偏离。如果对话偏离主题，可以通过增加提示词或重新提问将对话引导至正确的方向上，可以多用一些引导句式，如"那么……怎么做呢？""具体是什么呢？"等，相关案例如下。

提示词

打造有吸引力的小红书标题文案有什么技巧吗？

橙篇

打造有吸引力的小红书标题文案是吸引用户点击和互动的关键。以下是一些技巧，可以帮助你创作出更引人注目的标题。

  1. 情感共鸣：使用能引起目标受众情感反应的词汇，比如快乐、惊讶、感动等，这样可以迅速建立与读者的情感连接。

  2. 好奇心驱动：创造悬念或提出问题，激发用户的求知欲，使他们想要了解更多。例如"你绝对想不到这个小工具竟然能解决大麻烦！"

  3. 价值导向：明确指出用户可以获得的好处或学到的知识。如"5分钟学会打造完美妆容"，让用户知道他们会有所收获。

  4. 使用数字：在标题中加入具体数字，这往往能够增加标题的可信度，并且让人感觉内容更有组织性。例如"7天瘦腿秘籍"。

  5. 热门话题关联：结合当下流行的话题或者节日活动来设计标题，借助热点趋势提高曝光率。

  6. 个性化表达：采用第一人称视角或是直接对话的方式写作，给人一种亲切感和个性化的交流体验。

  ……

5. 注意语气

为确保沟通顺利进行，在与AIGC对话时，应使用专业性、尊重性的语气，尽量不要使用过于随意或带有冒犯性的语气。

4.2.3 拆解爆款标题的提问步骤

标题，作为用户对笔记的第一印象，其重要性不言而喻。而小红书爆款标题通常具备吸引力、明确性、互动性、针对性这4个核心要素。下面将深入探讨小红书爆款标题的拆解步骤。

1. 分析标题类型

小红书的爆款标题往往有以下几种类型。

（1）互动型：如"你真的会×××吗""你觉得×××怎么样"等，通过提问引发用户思考和互动。

（2）身份代入型：如"学生必看""宝妈必备"等，通过不同的身份标签来吸引特定的用户群体。

（3）数字冲击型：如"10个让你变美的秘诀""5分钟学会×××"等，用具体的数字吸引用户注意。

（4）悬念式：如"揭秘×××背后的真相""×××竟然是这样"等，通过留悬念激发用户的好奇心。

（5）情绪化表达：如"惊呆了！×××竟然能这样用！""太实用了！×××让我省了×××元"等，通过情绪化的语言引起用户的共鸣。

2. 拆解标题结构

拆解标题结构需要重点关注下面几个关键点。

（1）主题词：明确笔记的主题或核心内容。

（2）亮点词：突出笔记的亮点或特色，如"超值""必看""揭秘"等。

（3）数字或量词：增加标题的冲击力。

（4）疑问或反问：引发用户思考和互动。

3. 分析标题用词

确保标题中包含与笔记内容相关的关键词，提高搜索曝光率，并使用口语化的语言，让标题更加亲切和易于理解。还可以适当加入情感词，如"惊艳""超赞"等，增强标题的感染力。

4. 评估标题效果

运营者可以从以下几个方面评估标题的效果。

（1）吸引力评估：判断标题是否能在众多笔记中脱颖而出，吸引用户点击。

（2）互动性评估：分析标题是否能激发用户的评论和互动欲望。

（3）转化率评估：结合笔记的实际阅读量和互动数据，评估标题对笔记转化率的贡献。

下面通过具体的案例，介绍如何利用 AIGC 拆解爆款标题，助力运营者打造出能够激发用户好奇心、引导思考的标题。

首先，确保 AIGC 理解运营者要拆解的标题类型。

提示词

请你明确"谁懂啊！有宠物是多么的快乐！"这个标题的类型。

橙篇

标题"谁懂啊！有宠物是多么的快乐！"属于情感共鸣型标题。它使用了感叹句和反问的形式来表达拥有宠物所带来的快乐，容易引起同样饲养宠物或者喜欢宠物的用户的共鸣。

这种类型的标题通过分享个人感受或情绪，试图与读者建立情感联系，让用户在看到标题时能够联想到相似的经历或感觉，从而吸引他们点击进入内容详情，以寻找更多共鸣点或获取相关经验。

此外，此标题还带有一点好奇心驱动的元素，因为它提出了一个问题（即使是修辞性的），可能会引发没有宠物的人的好奇心，想要了解为什么有宠物会如此快乐。这可以帮助扩大潜在受众群体，不仅仅局限于已经有宠物的人士。

其次，让 AIGC 提出标题的修改意见，并分点式给出答案。

提示词

根据上述分析，请你判断这个标题的亮点和不足在哪里。

橙篇

根据对标题"谁懂啊！有宠物是多么的快乐！"的分析，我们可以明确它的亮点和不足如下：

> 亮点
> 1. 情感共鸣：标题直接触及了饲养宠物人士的心灵深处，能够迅速与那些享受宠物陪伴的人产生强烈的情感联系。这种共鸣可以有效地吸引目标受众点击进入内容。
> 2. 表达真实感受：使用口语化的表达方式（如"谁懂啊"），显得非常自然和真诚，给人一种分享个人体验的感觉，容易让人感到亲切和可信。
> 3. 积极情绪传递：强调了拥有宠物所带来的快乐，传递了一种积极向上的生活态度，这有助于建立正面的品牌形象或内容氛围。
> 4. 简单明了：标题简短且易于理解，没有复杂的词汇或句子结构，使得信息传达清晰，适合快速浏览的社交媒体环境。
> ……

最后，提出自己的需求，要求 AIGC 以什么风格去做修改。

提示词

> 根据上述标题的优劣情况分析，重新生成 5 个更具吸引力的且符合小红书风格的爆款标题。

橙篇

> 基于对原标题的优劣分析，以下是 5 个重新设计的更具吸引力且符合小红书风格的爆款标题建议：
>
> 1.【宠物日记】从孤单到幸福：有它陪伴的日子，每一天都是小确幸！
>
> 亮点：通过讲述一个转变的故事，增加了故事性和情感深度，同时使用了"小确幸"这样的流行词汇来吸引年轻用户。
>
> 2.【铲屎官必看】揭秘：为什么养宠物后我的生活变得如此不同？
>
> 亮点：提出了一个问题，激发读者的好奇心，并针对特定群体（即潜在或已有的宠物主人）进行优化，添加了流行的"铲屎官"称呼。
>
> 3.【温馨家园】和宠物一起生活的 100 个甜蜜瞬间，你经历过几个？
>
> 亮点：结合了数字元素与情感共鸣，邀请读者参与互动，分享自己的经历，增强了用户的参与感。
>
> 4.【新手指南】没养过宠物？来看看这些让你心动的理由吧！
>
> 亮点：针对没有宠物经验的用户，提供了一个温和的引导，既不会让现有宠物主人感到被忽略，又能吸引新的宠物爱好者。
>
> 5.【萌宠时刻】用镜头捕捉宠物带来的每一个惊喜——生活因它们而精彩！
>
> 亮点：强调了视觉内容的重要性，非常适合喜欢拍照分享的小红书用户，同时也传达了拥有宠物可以丰富生活的信息。
> ……

4.2.4 提示词的注意事项

提示词的注意事项如图 4.7 所示。

```
提示词的          ┌── 减少累赘描述性词语，信息过多容易造成负载
注意事项  ────────┤── 避免使用行话和模糊的语言，容易浪费提问的时间
                 ├── 开放式的提示词，提问需适当，建立一定的语境
                 └── 指出具体的细节，如描述某个人物，提供特征提示
```

图 4.7　提示词的注意事项

当 AIGC 不存在技术问题时，若未规避常见错误（如提示词模糊、使用行话），可能导致其生成不相关、重复或笼统的回复。

4.3　使用 AIGC 生成小红书标题

标题是用户是否愿意点击运营者笔记的关键因素，当笔记的标题足够吸引用户时，运营者就成功了一半。那么如何快速创作出一个好的标题呢？本节以橙篇为例，介绍运用 AIGC 生成不同类型的小红书标题文案的方法，通过参考这些方法，运营者的标题写作效率将会得到显著提高。

4.3.1 生成数字型标题

数字型标题，就是在小红书标题中融入数字的文案技巧。这类标题文案具有数字的优势，能够更加直观、有说服力地展现小红书笔记或短视频的核心内容，契合人们快节奏、泛娱乐化的需求。使用 AIGC 生成数字型标题相关案例如下。

👤 提示词

请提供 8 个关于小红书的数字型标题文案。

🍊 橙篇

以下是 8 个关于小红书的数字型标题文案参考：
1. 10 个国内小众旅行地，让你的假期与众不同！
2. 5 款性价比超高的口红，让你轻松变身美妆达人！
3. 7 天养成早起习惯，我的亲身体验分享！
4. 3 种秋冬穿搭技巧，让你秒变时尚 icon！
5. 8 家隐藏版网红餐厅，吃货们的秘密基地！

6. 4个高效学习方法，让你的学习效率翻倍！
7. 6个简单易学的瑜伽动作，让你在家也能轻松健身！
8. 5个职场晋升技巧，让你在职场中脱颖而出！

运营者还可以给AIGC提供数字型标题文案范例，让其模仿范例生成数字型标题文案，相关案例如下。

提示词

小红书短视频中的数字型标题文案风格通常为"揭秘！自媒体账号月增粉量10万的3种策略！""深度解析！自媒体收入翻倍的7个关键步骤""自媒体学习笔记！21天掌握自媒体运营全攻略"。请模仿上述风格，为传授自媒体运营技巧的小红书短视频提供标题文案作参考。

橙篇

1. 揭秘！自媒体账号日增粉量5000的5个秘诀！
2. 深度解析！自媒体内容创作的10个创新思路。
3. 自媒体新手必看！14天打造爆款视频的实用技巧。
4. 自媒体变现指南！4种高效变现渠道的详细解析。
5. 自媒体流量增长的8种策略，让你的账号迅速爆红！
6. 自媒体运营笔记！12个常见错误及解决方法。
7. 自媒体数据分析技巧！5步轻松掌握用户喜好。
8. 自媒体账号优化的11个要点，让你的内容更受关注！
9. 自媒体粉丝互动的6个技巧，提升粉丝忠诚度的秘诀。
10. 自媒体内容规划的9个步骤，让你的账号内容更有条理！

4.3.2 生成热点型标题

热点型标题是紧密围绕当前社会、文化、娱乐，以及科技等领域中的热门话题或事件而设计的标题。这类标题通过精炼、醒目、具有吸引力的文字，迅速抓住用户的注意力，引导他们关注并了解相关的热点内容。

使用AIGC生成热点型标题相关案例如下。

提示词

热点型标题是紧密围绕当前社会、文化、娱乐，以及科技等领域中的热门话题或事件而设计的标题。结合科技领域的热门话题，请提供6种小红书风格的热点型标题文案。

橙篇

当然，以下是6种关于科技创新的小红书风格的热点型标题文案，这些标题围绕当前社会、文化、娱乐,以及科技领域中的热门话题或事件而设计,旨在吸引用户的注意力并引发讨论。

1. 紧跟时代潮流

【未来已来】2025 年最火的 5 种黑科技产品,你用上了吗?

结合最新的科技成果,突出"最火"和具体数量,吸引对新科技感兴趣的用户。

2. 聚焦行业动态

【深度解析】AI 如何改变我们的生活:2025 年人工智能的四大突破

强调人工智能领域的最新进展,通过具体数字增加权威性,适合关注技术趋势的用户。

3. 结合社会热点

【热议话题】5G 网络普及后的生活巨变,你知道多少?

利用 5G 网络这一热门话题,探讨其对日常生活的影响,吸引普通消费者关注。

4. 娱乐与科技融合

【游戏革命】云游戏时代的来临:玩家体验将发生哪些翻天覆地的变化?

将娱乐(游戏)与科技创新相结合,吸引游戏玩家和技术爱好者共同讨论。

……

运营者还可以列举具体的热点,让 AIGC 结合热点生成标题文案,相关案例如下。

提示词

正值元宵节期间,请结合元宵节的热度,提供适合小红书短视频的标题文案。

橙篇

正值元宵节期间,以下是为小红书短视频提供的、结合元宵节热度的标题文案。这些标题旨在吸引用户的注意力,并融入节日元素和互动性,帮助用户更好地体验和分享元宵节的乐趣。

1. 文化传承与教育

【元宵课堂】带孩子了解元宵节的历史故事,从小培养文化自信!

强调家庭教育的重要性,通过讲述节日背后的故事来传递文化价值。

2. 花灯展览与创意

【最美花灯】全国十大最具创意的元宵花灯设计,你最心仪哪一个?

分享各地特色花灯作品,激发用户的审美兴趣和创意灵感。

3. 社区互动与分享

【元宵瞬间】晒出你的元宵佳节照片,赢取精美礼品!

鼓励用户上传自己庆祝元宵的照片或视频,形成社区互动氛围。

4. 旅游与地方特色

【元宵游记】探访中国四大元宵名城,感受不一样的节日气氛!

推荐具有代表性的元宵节庆地点,吸引旅行爱好者探索不同地区的节日风情。

……

4.3.3　生成对比型标题

对比型标题是一种在标题中加入对比的文案写作技巧，通过制造不同事物或事件之间的差异化，可以让用户快速了解文章的主要内容。有一种对比方式是通过与同类产品进行对比，来突出自己产品的特色优势，加深用户对产品的认识，相关案例如下。

提示词

请为主题为"便宜的防晒与贵的防晒的区别"的小红书笔记提供5条对比型标题文案。

橙篇

当然，以下是5条对比型标题文案，专门为"便宜的防晒与贵的防晒的区别"这一主题的小红书笔记设计。这些标题旨在通过对比突出两者之间的差异，吸引用户的注意力并引发讨论。

1. 成分揭秘

【深度解析】平价防晒 VS 高端防晒：成分表大揭秘，你选对了吗？

从成分角度进行对比，帮助用户了解不同价格段防晒产品在配方上的区别。

2. 效果体验

【真实测评】便宜防晒和贵价防晒的实际使用感受，到底差多少？

强调实际使用体验的对比，通过用户体验来展示两者的效果差异。

3. 性价比分析

【理性选择】平价防晒 VS 高端防晒：如何找到最适合你的高性价比防晒霜？

关注性价比，为用户提供选择建议，帮助他们根据自己的需求做出明智的选择。

4. 持久度与稳定性

【持久力对决】平价防晒 PK 高端防晒：谁能在阳光下保持更久？

聚焦于产品的持久度和稳定性，比较两种类型防晒霜在长时间暴露下的表现。

……

▶ 专家提醒

对比型标题还可以运用悬念式标题的手法，能更加凸显笔记的特色，吸引用户的注意力，这样小红书笔记标题既用了对比，又有悬念，符合当代小红书用户的喜好，如"毕业五年，为何闺蜜年薪30万，我还在月光？"等。

4.3.4　生成"十大"型标题

"十大"型标题是使用数字"十"来列举具体的内容、建议、技巧、产品，以及经验等，以此吸引用户注意力和兴趣的一种标题形式，如"2024年十大悬疑类电视剧推荐""长沙旅游必去的十大景点"等。使用 AIGC 生成"十大"型标题相关案例如下。

提示词

请为一个推荐音乐的小红书运营者提供6个"十大"型标题文案。

橙篇

当然,以下是6个"十大"型标题文案,专门为推荐音乐的小红书运营者设计。这些标题旨在通过列举的方式吸引用户的注意力,并激发他们的好奇心和探索欲望。

1. 年度精选

【2025年十大必听】从流行到独立,这一年最不容错过的歌曲!

汇总年度最热门的音乐作品,涵盖不同风格,适合各种听众。

2. 情绪共鸣

【十大治愈系歌曲】当你感到疲惫时,这些音乐能给你力量!

推荐能够带来情感慰藉和心灵放松的音乐,帮助用户找到情感共鸣。

3. 健身动力

【十大燃脂神曲】运动时的最佳拍档,让你的汗水更有节奏感!

针对健身爱好者,提供充满活力和节奏感的音乐,增强锻炼的动力。

4. 睡前放松

【十大助眠音乐】夜深人静时,让这些旋律伴你入梦乡!

推荐有助于放松心情、改善睡眠质量的轻柔音乐,适合睡前聆听。

……

一般来说,这种类型的标题主要有3个特点,如图4.8所示。

```
"十大"型标题的特点
├── 传播率和传播范围都很广
├── 容易被他人转载
└── 能有效提高笔记带货能力
```

图 4.8 "十大"型标题的特点

4.3.5 生成好奇型标题

好奇型标题是能够激发用户好奇心、促使他们点击并深入了解内容的标题,这类标题通常通过提出疑问、揭示未知信息、使用引人入胜的词汇或短语等来吸引用户的注意力,相关案例如下。

提示词

写出5个有关长沙美食宣传片的好奇型标题文案。

橙篇

以下是5个有关长沙美食宣传片的好奇型标题文案：
1. 你知道长沙人最爱的街头小吃是什么吗？答案让人垂涎！
2. 长沙米粉的灵魂配料竟然是这个？揭开米粉鲜美背后的秘密！
3. 走进长沙老街，这些隐藏的美食宝藏你发现了吗？
4. 长沙烧烤为何能让人一吃难忘？背后的故事让人惊讶！
5. 长沙甜品为何与众不同？揭秘长沙甜品的独特风味来源！

需要注意，将好奇型标题与数字型标题结合效果更佳，数字型标题能够给用户带来直观的冲击，从而更有效地激发用户的好奇心。运营者可以给AIGC提供好奇型与数字型标题文案结合范例，让其模仿范例来生成两种类型结合的标题文案，相关案例如下。

提示词

小红书笔记中的好奇型与数字型相结合的标题文案风格通常为"1个月瘦20斤，我是如何做到的"。请模仿上述风格，生成相似的小红书标题文案。

橙篇

以下是模仿小红书好奇型与数字型相结合的标题文案风格生成的标题：
1. 7天学会手绘，我是如何从零开始的？
2. 500元打造个人品牌，我是如何在小红书上爆红的？
3. 3个月读完100本书，我是如何高效阅读的？
4. 21天养成早起习惯，我是如何做到每天6点起床的？
5. 从月入1000元到过万元，我是如何在小红书上做副业的？

4.3.6　生成论述观点型标题

论述观点型标题是以表达观点为核心的一种小红书笔记标题撰写形式。这类标题一般会在标题中精准到人，而这些人既可以是明星，也可以是在某方面有着丰富经验的权威人士。通常是将人名放置在标题前，而后紧接着补充这个人对这件事的观点看法，相关案例如下。

提示词

请提供几条小红书论述观点型标题文案。

橙篇

1. 职场发展
【××谈职场】"996"工作制真的能提升效率吗？我们可能都错了！
对"996"工作制进行批判性思考，探讨其对工作效率和个人健康的影响。
2. 心理健康
【××说心理】别再忽视情绪价值：心理健康比你想象的更重要！
强调心理健康的重要性，呼吁人们重视情感需求和心理健康的维护。
3. 家庭教育
【××聊育儿】为什么说"放养式教育"比"鸡娃"更有利于孩子的成长？
讨论不同的教育理念，支持"放养式教育"，并解释其对孩子长远发展的益处。
4. 科技伦理
【××谈AI伦理】当人工智能走进生活，我们应该担心什么？
探讨AI技术快速发展带来的伦理问题，引导读者思考如何在享受科技便利的同时保持警觉。
……

运营者在标题中加入"专家"等字眼，表明身份，这种笔记更具有说服力，通常更容易得到用户的青睐，因为大众往往对专业人士的观点更加认同，相关案例如下。

提示词

请提供几条关于减肥的小红书论述观点型标题文案，要求加上"专家"或"专业人士"等类似字词，让观点更有信服力。

橙篇

当然，以下是几条关于减肥的小红书论述观点型标题文案，特别加入了"专家"或"专业人士"等类似字词，旨在增加内容的可信度和专业性。

1. 科学减肥
【专家解读】为什么快速减肥反而有害健康？营养师告诉你真相！
强调快速减肥的危害，并引用营养师的专业意见，提供科学减肥的方法。
2. 饮食与运动结合
【专业建议】健身教练揭秘：光靠节食真的能减肥吗？运动才是王道！
结合饮食与运动的重要性，通过健身教练的专业视角揭示正确的减肥路径。
3. 心理健康
【心理专家观点】减肥不仅仅是身体的战斗，心理健康同样重要！
探讨心理健康在减肥过程中的作用，强调心理专家的观点，帮助用户全面看待减肥问题。
4. 长期维持
【营养学专家推荐】减肥成功后如何保持不反弹？这些建议你必须知道！
提供长期维持减肥成果的方法，引用营养学专家的专业建议，确保用户能够持续受益。
……

论述观点型标题有两种作用：一是通过名人效应，提升品牌知名度或者曝光度，让更多人看到运营者发布的笔记；二是通过引用专业人士的发言，让运营者发布的笔记更具有说服力。一般而言，用户会更愿意相信专业人士的发言。

4.3.7 生成选择型标题

选择型标题通过在标题中给予用户两种选择，那些选择困难症的用户或是无法做决定的用户便会点击笔记观看，相关案例如下。

提示词

给我 8 个关于小红书爱好类图文笔记的选择型标题文案，如"看书与逛街，你更喜欢哪种？"

橙篇

当然，以下是 8 个关于小红书爱好类图文笔记的选择型标题文案。这些标题旨在通过提供两个选项，激发用户的思考和讨论，并鼓励他们表达自己的偏好。

1. 阅读 VS 购物

【选择题】看书与逛街，你更喜欢哪种放松方式？

提供两种常见的休闲活动，让用户在阅读和购物之间做出选择，适合喜欢分享生活点滴的用户。

2. 旅行 VS 宅家

【周末二选一】出去旅行还是宅在家里？哪一种让你更快乐？

探讨不同类型的周末活动，鼓励用户思考自己更倾向于外出探索还是享受宁静的居家时光。

3. 咖啡馆 VS 自制咖啡

【每日饮品】去咖啡馆还是在家自制咖啡？哪一种更能满足你的味蕾？

比较外出去咖啡馆和在家制作咖啡的不同体验，吸引对咖啡文化感兴趣的用户参与讨论。

4. 健身 VS 瑜伽

【健康选择】健身房锻炼还是瑜伽冥想？哪一种更适合你的生活方式？

探讨不同的健身方式，帮助用户根据个人需求选择最适合自己的运动形式，适合关注健康的用户。

……

4.3.8 生成网络词汇型标题

网络词汇型标题是利用小红书平台上流行的网络词汇、短语或表达方式，来创作具有吸引力和话题性的标题。这些网络词汇往往能够迅速吸引用户的注意力，提高笔记的点击率和互动率，相关案例如下。

提示词

请提供5个热门的小红书网络词汇型标题文案。

橙篇

当然,以下是5个小红书网络词汇型标题文案。这些标题结合了流行的网络用语,旨在吸引年轻用户的注意力,并增加互动性和趣味性。

1. 美食探店

【盘点】这家小店的麻辣烫真的太好吃了,不踩雷!

使用"盘点"这一流行词汇,强调推荐的店铺或食物非常出色,不会让人失望。

2. 美妆护肤

【种草】平价国货彩妆大集合,性价比超高,必入!

结合"种草"这一网络词汇,推荐一些高性价比的国货彩妆产品,鼓励用户尝试。

3. 健身减肥

【躺赢】懒人也能瘦!这7个居家运动让你轻松甩肉!

使用"躺赢"表达即使不做太多努力也能达到目标的概念,适合那些寻找便捷减肥方法的用户。

4. 旅行攻略

【打卡】超全小众景点攻略,周末出行再也不怕撞人潮!

结合"打卡"这一网络词汇,提供一些不太为人知但值得一游的小众景点,帮助用户避开人群。

……

本章小结

本章首先介绍了小红书标题的写作技巧,包括标题创作的原则、标题的作用等内容;然后介绍了小红书标题的 AIGC 提示词编写技巧,包括提示词的编写原则、编写技巧等内容;最后探讨了如何使用 AIGC 辅助小红书标题写作,包括数字型标题、热点型标题、对比型标题等8种标题类型的生成技巧。

课后实训

鉴于本章知识的重要性,为了帮助读者更好地掌握所学内容,本节将通过课后实训,帮助读者进行简单的知识回顾和补充。

实训任务:使用橙篇生成5条关于旅游景点推荐类的小红书标题文案,相关案例如下。

提示词

请写5条关于旅游景点推荐类的小红书标题文案。

橙篇

当然,以下是5条关于旅游景点推荐类的小红书标题文案。这些标题旨在吸引用户的注意力,激发他们的好奇心和旅行欲望,并提供具体的景点信息或体验分享。

1. 自然风光

【浪漫打卡】中国十大隐秘仙境,你去过几个?不去后悔系列!

推荐国内一些鲜为人知但景色迷人的自然景区,强调"不去后悔",吸引喜欢探索的游客。

2. 历史文化

【文化之旅】穿越千年:不容错过的五大历史古城,感受时光倒流的魅力!

推介具有深厚历史文化底蕴的城市,通过"穿越千年"的描述吸引对历史文化感兴趣的旅行者。

3. 城市探秘

【城市探险】上海不为人知的小众角落,文艺青年必去的七大秘密地点!

分享大城市中不太为人知却充满魅力的地方,适合喜欢城市漫步和发现新事物的年轻人。

4. 亲子游

【家庭出行】最适合带娃的八大亲子乐园,让孩子玩得开心、家长放心!

针对家庭出游需求,推荐适合儿童游玩的主题公园或游乐场,确保孩子和家长都能享受愉快的时光。

……

小红书的文案写作

第 5 章

在小红书中，文案写作是内容创作的核心之一，它不仅影响用户的关注度，更决定了传播效果与品牌形象的塑造。本章将深入探讨如何通过精准的写作技巧和AIGC技术，提升小红书文案创作的质量与效率。从小红书文案的写作要点到AIGC提示词编写技巧，再到如何使用AIGC辅助创作，为运营者揭示小红书文案写作的全新方法，帮助运营者在数字化时代实现突破。

5.1 小红书文案的写作要点

在新媒体的迅速发展中，文案写作成为吸引用户注意力、传递品牌价值的重要手段。无论是撰写爆款标题，还是精心打磨内容的结构与表达方式，每一份文案都需要精湛的技巧。在小红书中如何写笔记文案才能帮助运营者吸引更多的用户呢？本节将深入探讨小红书文案的写作要点，包括遵守文案原则、知晓爆款文案的特征以及创作注意事项等，帮助运营者在激烈的内容竞争中脱颖而出。

5.1.1 遵守文案原则

要想写好一篇笔记，必须遵守以下几个文案原则。

1. 关键词

一个好的文案，关键词起着非常重要的作用，比如符合商家产品特点的关键词、行业关键词、品牌词等。此外，小红书平台内部的热点词、流量词等也可作为关键词放置在文案中，这些词也能够给笔记带来流量，所以做小红书文案一定要有一个清晰的关键词定位。

2. 展现方式

小红书中笔记有两种呈现方式：一种是图文类的笔记；另一种是视频类的笔记。两种方式有着各自不同的优缺点，视频类的笔记可以更加直观了解产品的情况，并且流量、曝光量都相对要大。图 5.1 所示为眼影产品推荐的视频笔记，通过视频真实地表现出眼影产品的情况，还向观众介绍了使用的具体方法。

一般而言，技术类的笔记和需要输出大量经验的文案更适合选择图文类的笔记，如图 5.2 所示。运营者可以根据产品的特点和需求来选择不同的呈现方式。

图 5.1　眼影产品推荐的视频笔记　　　图 5.2　技术类图文笔记

3. 小红书平台属性

每个平台有每个平台的规则，小红书有自己的收录机制。在小红书中，并不是所有的笔记都能被收录，一些质量较差的、充满负能量的内容，小红书便不会收录，一旦笔记内容不被收录，那么运营者所写的笔记也就没什么意义了。

4. 用户体验

用户体验也是运营者在写笔记时需要考虑的一个重要问题，如果写的笔记过于专业，内容大多是专业用语且不加以解释，用户阅读起来便会很困难，从而影响用户体验。

而笔记过于简单，用户会觉得笔记的价值不大，便也不会被笔记所吸引。所以，运营者在写文章时，一定要把用户体验考虑进去。需要注意，用户体验包括阅读体验和视觉体验。

（1）阅读体验。阅读体验是阅读时候的感受，如果通篇都是错别字，那么用户的阅读体验肯定不好，但是如果笔记有一个好的排版，那么用户在阅读时便能快速地了解产品的重要信息。图5.3所示为排版美观的笔记，这样的笔记用户一看就知道运营者所表达的内容，能让用户有一个好的阅读体验。

（2）视觉体验。在写图文推广笔记时，如果加上一个精美、可爱或生活化的图片，就能够很好地拉近与用户的距离，给用户很好的体验感，如图5.4所示。

图5.3 排版美观的笔记　　　　图5.4 视觉体验好的笔记

5.1.2 知晓爆款文案的特征

了解了文案创作的基本原则之后，运营者还需要知晓爆款文案有哪些特征。只有知道了爆款文案的特征，才能更好地写出吸引用户的爆款文案。

1. 原创内容

在小红书平台中，如果不是原创内容系统是不会收录的，并且如果存在搬运等行为，平台还会对部分违规博主进行公示。小红书虽然在快速地发展，但是小红书仍然把原创作品作为重中之重，严格把控笔记内容的质量。

此外，在保障内容是原创的基础上，运营者笔记的内容最好是真实、有趣且生动的，如果笔记内容很枯燥，是没有办法吸引用户关注的，而且也会影响笔记的阅读量。图 5.5 所示为手工视频笔记，其内容是博主自己制作的手工作品。

图 5.5　手工视频笔记

2. 笔记类型

一般而言，小红书中的笔记分为好几类，最常见的笔记有分享型笔记、技术型笔记和攻略型笔记等。当运营者的笔记有明确的类型也容易被系统推荐。

3. 配图与视频

当运营者的图文笔记被推荐到首页时，笔记的第一张图往往会被当作封面，所以第一张图最好是一张精美的图片，或者是能够激发用户好奇的图片，这样用户才会愿意点进去阅读。

视频类的笔记，最好有真人出镜，确保真实性，同时，有趣的内容往往能够吸引更多的用户，并让他们"驻足"。

4. 关注头部博主动态

头部博主往往能够快速捕捉最新的热门话题，因此运营者可以关注头部博主的动态，及时跟进热门话题，这样输出的内容也就不会过时。

5. 贴近用户角度

运营者创作的笔记内容的对象是用户，所以运营者要站在用户的角度，学会换位思考，考虑用户的需求和喜好，当然不能一味地迎合用户的喜好，也要有自己的个性和立场。

5.1.3 爆款文案的创作注意事项

仔细观察可以看出，一篇爆款文案不仅有新颖的题材，而且其内容也具有实用性。除了题材和内容，爆款文案还需要注意以下几个方面。

1. 标题文案

在首页推荐中，除了封面图，还有标题。因此，如果笔记的图片不能吸引用户，运营者还可以用标题的文案进行弥补。比如通过设置悬念的方式来激发用户的好奇心，或者采用类比的方法，激发用户的兴趣。

2. 评论

在小红书中，评论的权重高于点赞和收藏，评论多的笔记往往比收藏、点赞多的笔记更容易被系统推荐。因此，在笔记中，一定要与用户多互动，与评论区的用户做朋友，这样才能做好账号。那么，如何增加评论的互动性呢？可以通过图5.6中的两种方式。

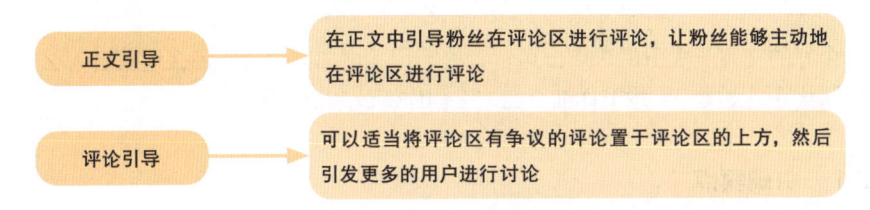

正文引导 → 在正文中引导粉丝在评论区进行评论，让粉丝能够主动地在评论区进行评论

评论引导 → 可以适当将评论区有争议的评论置于评论区的上方，然后引发更多的用户进行讨论

图5.6 增加评论互动性的两种方式

3. 自我介绍

在日常生活中，如何快速认识一个人呢？那便是自我介绍。例如，在招聘过程中，公司的人事往往会要求求职者进行自我介绍，以便更好地了解求职者是否适合招聘岗位。同样，在小红书中，要想让用户快速地了解自己，就必须在自我介绍中清晰、完整地介绍自己的专业身份，让用户知道能在这里获取什么价值。需要注意，自我介绍要有一定的专业性，不能过于营销化，但可以个性化。

4. 做内容矩阵

什么是内容矩阵呢？内容矩阵就是当运营者在做一个账号时，如果没有把握把该账号运营成功，可以尝试多运营几个账号，做精细化运营。一般而言，运营一个账号就能成为头部账号的概率是微乎其微的，所以运营者可以尝试去做内容矩阵。

不管运营者的粉丝数量有多少，当多个账号同步发布相关内容时，笔记的曝光度和吸粉率都是叠加的。因此，与其花费大量的时间去做一个优质账号，不如尝试做内容矩阵。

那么，怎么做好内容矩阵呢？需要做到以下3点，如图5.7所示。

5. 发布时段

小红书具有一定的推送规律，了解了这些推送规律后，便可以很好地提升运营者的笔记热度。

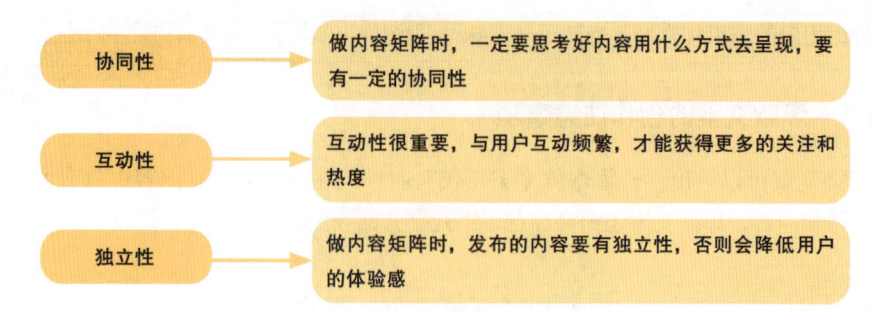

协同性	→	做内容矩阵时，一定要思考好内容用什么方式去呈现，要有一定的协同性
互动性	→	互动性很重要，与用户互动频繁，才能获得更多的关注和热度
独立性	→	做内容矩阵时，发布的内容要有独立性，否则会降低用户的体验感

图5.7　做好内容矩阵的3点建议

小红书是一个内容分享型的平台，并且大多是休闲娱乐类的内容，小红书会根据用户的阅读习惯来推送。一般而言，小红书的推送时间是9:30、12:00—13:30、18:30和21:30这4个时间段。

5.2　小红书文案的创作技巧

一个好的文案能吸引用户点击运营者的笔记，增加阅读量，那么运营者怎么才能写出一个爆款笔记文案呢？本节详细介绍怎么创作爆款笔记文案。

5.2.1　明确卖点

如果运营者仔细观察，会发现每一篇爆款文案都有一个非常明晰的主题，在笔记中，博主会说明文章的主旨内容，或者放上相关的链接等。

运营者还可以在图片中将主题突出出来，因为在首页推荐中，用户先看到的是图片，然后才是标题，而且与标题相比，图片的比重更大，所以运营者可以在图片中突出笔记的主题，如图5.8所示。

图5.8　图片中突出主题的笔记

5.2.2 理清结构

一般而言，很多人在面对一大段文字时通常会有排斥的想法，所以运营者在写笔记时一定要将笔记精简，做到结构分明，不要使用太多的形容词、修饰词，能将意思表达清楚就足够了。

例如："哈喽，今天我又来跟大家分享好物啦！之前因为皮肤出现红血丝，所以很惆怅，前后用了很多产品都没见好，别人介绍的品牌都不适合我，还好后来有个朋友给我介绍了这个——×××的抗血丝面霜！"

看起来好像没什么问题，但大多数人不喜欢看文字，能够精简地说出重点会让人更喜欢。

例如："今天来分享好物了！我的皮肤一直有红血丝的情况，都说每个人肤质不同，所以那些口碑好品对我来说都没用，而最近入手的×××却让我有点意外。"如果文案可以留悬念会更吸引用户把文章看完。

文案结构一般可以按照"引入+问题+经验方法（软植入）+试用后感受"来写，这样可以增加文章的真实感。

建议字数控制在 600～800 字，太长的文案用户不喜欢看，简单直接将有吸引力的内容写下即可。

5.2.3 分析模板

无论哪个平台，那些广受欢迎的爆款文案一般都有模板。平台中也有一些爆款账号，这些账号发布的文章，都会有很高的阅读量，其流量与热度都很高。

在小红书中，因为平台利用大数据算法推荐内容，因此账号标签很清晰，系统会根据这些标签推荐用户感兴趣的话题。

当运营者选择做一个账号，写一篇文章时，可以先在平台中搜索相关的关键词，查看最新的笔记流量和热度有多高。

如果该关键词的流量较高，那么这个关键词便是平台当前比较关注的关键词，系统便会给予一定的推送支持，运营者便可以分析与关键词相关的文章模板，取其精华写出一篇具有自己个性的笔记。

5.2.4 保持个性化

在分析了相关的文章模板之后，要创作出一篇具有独特风格的笔记，并且在创作时每篇笔记都保持这种风格。除了内容的质量，写作方式和结构也能吸引用户的关注。

如果说写出爆款笔记存在着一定的运气，那么固定的个性化内容输出则会给运营者带来一批忠实的粉丝，并且这些粉丝是比较固定的，所以在写作时，要有固定的个性化内容，但是要记得推陈出新。

5.3 小红书文案的AIGC提示词编写技巧

学习AIGC提示词编写技巧，不仅能够帮助运营者更高效地利用AIGC工具生成高质量的内容，还能激发创意，提高内容的独特性和吸引力。通过掌握正确的提示词编写技巧，运营者可以更好地引导AIGC理解其需求，减少无效或重复的工作，同时确保产出的内容更加贴合目标受众的需求和偏好。

本节以智谱清言为例，主要介绍几个编写AIGC提示词的技巧，让AIGC生成的文案更符合运营者的需求。图5.9所示为智谱清言网页版页面。

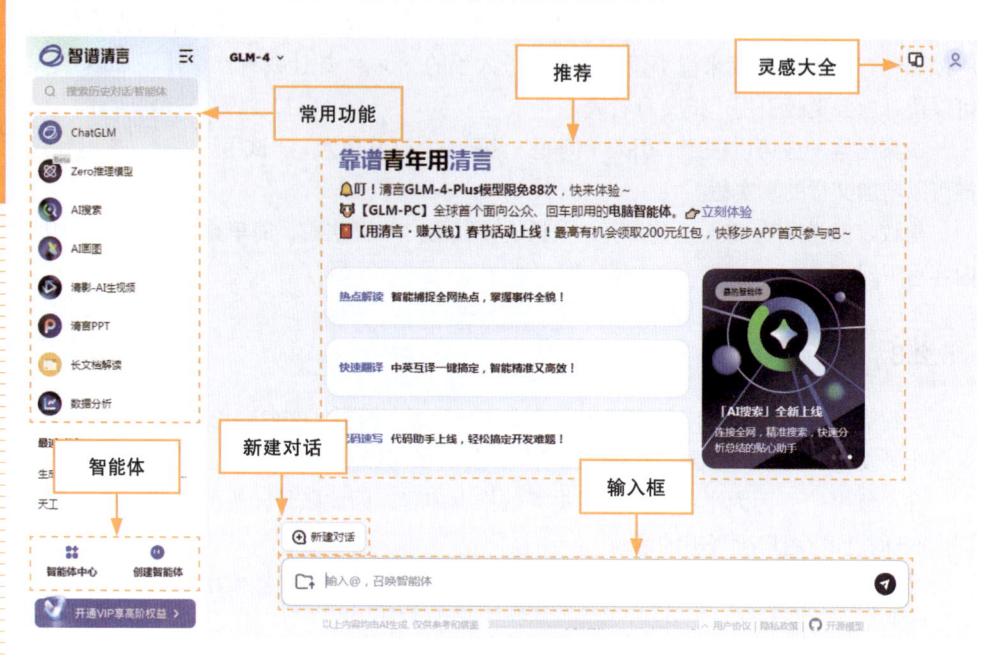

图5.9 智谱清言网页版页面

5.3.1 明确目标

运营者在输入提示词之前，首先要明确自己的目标，即想要得到什么样的结果。例如，想要让AIGC生成一篇关于某个主题的小红书笔记，就要明确小红书笔记的主题、字数、写作风格等要求，具体操作方法如下。

步骤 01 登录并进入智谱清言的"对话"页面，❶ 在底部的输入框中输入提示词；❷ 单击 ➤ 按钮，如图5.10所示。

步骤 02 执行操作后，即可发送提示词，智谱清言即可生成相应的文案，相关提示词及回复内容如下。

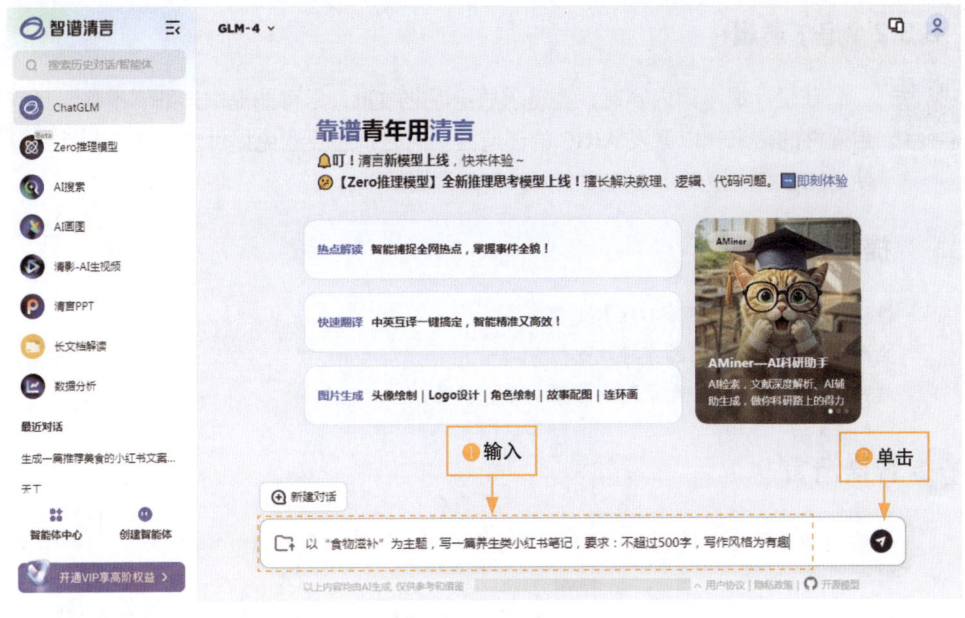

图 5.10　单击相应按钮

提示词

以"食物滋补"为主题，写一篇养生类小红书笔记，要求：不超过 500 字，写作风格为有趣。

智谱清言

标题：吃货的养生秘籍：食物滋补大作战！

正文：

大家好，今天来聊聊吃货界的"养生之道"——食物滋补！

首先，得说说"滋补大佬"——黑芝麻。黑芝麻含有丰富的维生素 E 和钙，能补血养颜，让你皮肤好到发光！每天来一勺黑芝麻糊，或者撒点在酸奶上，轻松得到滋补效果。

接下来是"滋补小能手"——红枣。红枣可是补气养血的好帮手，煮粥、泡水、做枣泥，怎么吃都美味。而且，它还能让你心情好到飞起，告别"小情绪"。

别忘了"滋补小精灵"——枸杞。枸杞含有丰富的抗氧化成分，能提高免疫力、保护视力。泡水喝、煮汤、做菜，都能加入枸杞，让你越吃越健康。

当然，还有"滋补大将军"——山药。山药含有丰富的膳食纤维和黏液质，能健脾养胃、滋阴补肾。蒸着吃、炒着吃、炖汤，山药都能大放异彩，让你越吃越有活力。

……

通过提供明确的提示词，可以确保 AIGC 生成满足需求的高质量内容，减少错误和偏差。当然，要做到这一点，需要注意提示词的准确性和详细性，提示词应该清晰明确，涵盖所希望生成的小红书内容的主题和要点。

5.3.2 追求质量

在设计提示词内容时，要追求质量而非数量，尽可能提供详细、准确、具有启发性的信息，以激发 AIGC 的创造力。同时，还要避免提供过多的限制性信息，使 AIGC 有一定的自由发挥空间，相关案例如下。

提示词

根据下面的要求写一篇小红书文案。
主题：秋季学生氛围感穿搭攻略
结构：引言、秋季学生氛围感穿搭攻略、结论

智谱清言

标题：【开学季】打造校园焦点！秋季学生氛围感穿搭攻略
引言：

秋风起，落叶飘，新学期的大门已经开启。作为校园里的时尚先锋，怎能不跟上季节的脚步，来一场秋日穿搭的大变身？今天，就为大家带来一套秋季学生氛围感穿搭攻略，让你在校园里成为最靓的仔！

秋季学生氛围感穿搭攻略：

1. 经典卫衣，活力满满

一件宽松的卫衣，搭配牛仔裤或运动裤，不仅保暖还能营造出青春活力的氛围。选择亮色或带有校园元素图案的卫衣，让你瞬间成为焦点。

2. 针织衫+半身裙，文艺范儿

柔软的针织衫搭配一条半身裙，既保暖又不失优雅。可以选择素色或格子图案，搭配一双小皮鞋，文艺气息十足。

3. 牛仔外套，率性街头

一件牛仔外套是秋季必备单品，内搭T恤或卫衣，下搭牛仔裤或休闲裤，轻松打造率性街头风。别忘了搭配一顶棒球帽，增加时尚感。

……

通过精心设计的提示词内容，可以更好地激发 AIGC 的创造力，使其生成更高质量的小红书笔记内容。在实际使用中，运营者可以根据不同的需求和场景，灵活调整提示词内容，以达到最佳的生成效果。

5.3.3 采用自然语言

自然语言是指人类日常使用的语言，包括口语和书面语。与计算机语言不同，自然语言是人类用来表述问题或需求的方式，一般人都能轻松理解；而计算机语言则是人们为了与计算机进行交互而设计的特定语言，一般人很难理解。

在与 AIGC 对话的过程中，运营者要尽量使用自然语言来书写提示词，避免使用过

于复杂或专业的语言。AIGC 是基于自然语言处理的模型,使用自然语言书写的提示词可以让 AIGC 更好地理解运营者的需求,并生成自然、流畅的回答,相关案例如下。

提示词

请帮我写一篇主题为"健身运动"的小红书笔记。

智谱清言

标题:【健身达人】打造完美身材,我的健身运动心得分享!

正文:

小伙伴们大家好!今天来跟大家聊一聊健身运动这个话题。作为一名健身爱好者,我在这里分享一些我的健身心得,希望能帮助你们在健身的道路上越走越远,打造出理想的身材!

一、健身的初衷

健身对我来说,不仅仅是为了追求完美的身材,更是为了健康和自信。在忙碌的生活中,运动让我找到了平衡,让我更有活力去面对每一天的挑战。

二、健身计划

有氧运动:我通常会选择慢跑、游泳和动感单车等有氧运动,每周至少 4~5 次,每次 30~60 分钟。有氧运动能帮助燃烧脂肪,提高心肺功能。

无氧运动:我会在每周安排 2~3 次无氧运动,如深蹲、硬拉、卧推等。无氧运动有助于塑造肌肉线条,让身材更加紧致。

……

5.3.4 示例和引导

运营者在提示词中可以给 AIGC 提供一些示例和引导,帮助 AIGC 更好地理解需求。例如,运营者可以提供一些相关的话题、提示词或短语,或者描述一个场景或故事,相关案例如下。

提示词

请将以下文本扩写为一篇 500 字以内的海岛冒险故事分享笔记,让内容更加完整,要求:语言规范,文学创作严谨,饱含情感,想象丰富,结局出人意料。

文本:小贝是一个业余的旅拍摄影师,阳光开朗,喜欢四处旅游,在一次出海游玩时,她意外流落到了一个荒无人烟的海岛上。

智谱清言

标题:【荒岛奇遇】阳光下的孤岛冒险记

小贝,一个热爱生活的业余旅拍摄影师,她的镜头中总是充满了阳光与欢笑。她的足迹遍布大江南北，而这一次，她的冒险之旅，却比以往任何一次都要惊心动魄。

那天，阳光正好，海风轻拂，小贝搭乘一艘小船出海游玩，希望捕捉海上日落的壮丽景象。然而，命运却与她开了一个玩笑，一场突如其来的风暴，将小贝的小船卷入了深海，当她醒来时，发现自己流落到了一个荒无人烟的海岛上。

孤岛之上，碧海蓝天，椰林树影，一切都显得那么宁静而美好。但小贝知道，这里的美景背后，隐藏着未知的危险。她没有时间犹豫，立即开始了自救行动。她用随身携带的相机记录下岛上的每一处细节，希望这些信息能帮助她找到回家的路。

在岛上的日子里，小贝学会了用椰子壳取水，用树枝搭建简易的庇护所。她与孤独为伴，与恐惧抗争，每晚都在海边点燃篝火，期待过往的船只能够发现她。

……

5.3.5 问题引导

运营者可以采用问题的形式提出希望 AIGC 回答或讨论的内容，如"什么是小红书运营及其应用领域"。注意，问题要明确具体，不要太宽泛，避免"告诉我关于小红书运营的全部内容"这样过于开放式的问题。另外，运营者可以使用"如何""为什么""什么"等提问词来构建提示词，相关案例如下。

提示词

如何利用 AIGC 工具写一篇有吸引力的小红书笔记？

智谱清言

利用 AIGC 工具写一篇有吸引力的小红书笔记，关键在于结合 AIGC 的智能化与个性化，创造出既符合平台调性又能触动用户心弦的内容。以下是一个详细步骤指南。

1. 明确笔记主题与目标受众

主题选择：根据品牌或个人定位，选择一个热门或具有潜力的话题，如美妆、时尚、旅行、美食等。

受众分析：利用 AIGC 受众分析工具，了解目标受众的兴趣、偏好和行为习惯，确保笔记内容能够引起他们的共鸣。

2. 创意构思与标题生成

创意激发：使用 AIGC 创意生成工具，输入关键词或主题，获取多个创意点子和独特视角。

标题创作：AIGC 标题生成器可以根据内容主旨和目标受众偏好，生成多个吸引人的标题选项。选择一个既有趣又包含关键词的标题，提高笔记的搜索可见性。

3. 内容撰写与优化

内容大纲：AIGC 可以辅助生成内容大纲，确保笔记结构清晰，逻辑连贯。

……

5.3.6 丰富细节

运营者在提示词中提供具体、详细的细节和信息，可以帮助 AIGC 更好地理解需求，从而生成更准确、具体的小红书笔记内容，相关案例如下。

👤 提示词

"双十一"期间，我的小红书账号接到一条××面霜的品牌宣传广告，请你根据以下信息帮我写一篇宣传营销笔记。

【适用肤质】：干性肌肤

【关键词】：性价比高、锁水保湿、美白修复

【品牌方要求】：用小红书笔记的形式，受众群体为学生，直击痛点，引起粉丝情感共鸣

🤖 智谱清言

标题：学生双十一护肤宝藏——××面霜，性价比之王！

正文：大家好，双十一狂欢节来啦！作为学生们的护肤小能手，我今天要给大家安利一款性价比超高的面霜——××面霜。对于干性肌肤的我们来说，冬天的干燥空气简直是一场噩梦，皮肤总是紧绷绷的，还容易起皮。但自从我遇到了××面霜，这些问题统统拜拜了！

【适用肤质】干性肌肤的姐妹们，你们的福音来啦！

【关键词】性价比高、锁水保湿、美白修复，一瓶搞定你的肌肤问题！

性价比高：对于学生来说，性价比绝对是购物的重要考量因素。××面霜价格亲民，效果却完全不输大牌，真的是良心国货！

锁水保湿：秋冬季节，干皮妹子最怕的就是皮肤干燥起皮。××面霜含有丰富的保湿成分，能够深入肌底，长效锁水保湿，让你的肌肤喝饱水，告别干燥！

……

5.3.7 融合语境

运营者可以在提示词中提供足够的上下文信息，以便 AIGC 能够理解运营者意图并生成准确的内容，相关案例如下。

👤 提示词

请帮我写一篇小红书种草笔记文章，需要包含以下信息。

标题：武汉必去的六大文化博物馆

开头：武汉必去的六大文化博物馆保姆级攻略来啦！

高潮：武汉必去的六大文化博物馆，你体验了吗？

要求：语言风趣幽默，感情真挚，字数控制在 500 字左右

智谱清言

标题：武汉必去的六大文化博物馆

正文：

小伙伴们，今天给大家带来一份超实用的武汉文化打卡攻略——武汉必去的六大文化博物馆保姆级攻略来啦！

首先，我们得聊聊那个"镇馆之宝"云集的湖北省博物馆。这里不仅有"天下第一剑"越王勾践剑，还有"千古绝唱"曾侯乙编钟，每一件宝物都仿佛在诉说着千年的历史故事。走进这里，仿佛穿越了时空，与古人对话，感受那份厚重的文化底蕴。

接下来是武汉博物馆，这里不仅有精美的文物，还有超多有趣的互动体验。你可以亲手制作陶器，体验古代工匠的智慧；还可以穿上汉服，感受古代服饰的魅力。在这里，你不仅能学到知识，还能玩得开心，简直是寓教于乐的完美结合。

……

5.3.8 角色定位

运营者可以在提示词中假设一个角色身份并提出问题，这样可以为 AIGC 提供更明确的情境，相关案例如下。

提示词

我是一名花草知识科普博主，目前正运营一个小红书账号，尽管坚持每日更新，但是用户浏览和点赞数据很差，请针对我的现状，给出一些改进意见。

智谱清言

针对您作为花草知识科普博主在小红书账号运营中遇到的问题，以下是一些建议，希望能帮助您提升用户浏览和点赞，改善数据表现。

内容优化：

故事化内容：尝试将花草知识融入故事中，比如讲述花草的历史典故、与花草相关的有趣故事，这样更容易吸引读者的兴趣。

实用性提升：提供更多实用的养护技巧、花草选择指南等，让内容对用户有直接的帮助。

视觉提升：使用高质量的图片和视频，确保花草的色泽、形态等细节清晰，提升视觉效果。

标题和封面：

吸引眼球的标题：使用更具吸引力的标题，可以是疑问句、命令句或是包含热点关键词的标题。

优化封面图片：封面图要美观、清晰，能够快速传达内容主题。

互动增加：

提问互动：在笔记中提出问题，鼓励粉丝在评论区留言互动。

互动话题：发起一些互动话题，比如"你最爱的花草是什么？"等，增加粉丝参与度。
……

▶ **专家提醒**

需要注意，角色设置要具体和明确，如学生、医生等，避免过于泛泛的角色设置。同时，背景情境要尽量描述充分，帮助 AIGC 更好地理解该角色身份。另外，角色的请求要用第一人称表达，增加代入感和逼真度。

5.4 使用 AIGC 辅助小红书文案写作

如今，小红书已成为个人表达与品牌传播的重要渠道，而 AIGC 在小红书文案写作方面具有广阔的应用前景和潜力。通过不断学习和掌握新技术，运营者可以更好地利用 AIGC 技术提高小红书内容的创作效率和质量，为用户提供更优质的阅读和观看体验。本节以智谱清言为例，介绍七个 AIGC 小红书文案写作案例。

5.4.1 生成美妆带货类文案

小红书，作为汇聚了无数美妆爱好者的平台，已经成为许多品牌和 KOL 推广产品的重要阵地。而 AI 技术能够帮助运营者创作出高质量的小红书美妆带货类笔记，不仅能够精准捕捉目标用户的兴趣点，还能直击他们的心灵深处，引发共鸣，相关案例如下。

提示词

假设你是一位拥有百万粉丝的小红书美妆带货博主，以"普通女大学生日常爱用口红分享"为主题，以推广××口红为目的，创作一篇小红书爆款笔记。

智谱清言

标题：学生的口红救星！××口红，让你轻松美出新高度！

正文：

亲爱的小伙伴们，作为一个普通女大学生，我深知我们对口红的渴望——既要颜色好看，又要价格亲民，最重要的是，得方便携带，随时随地都能补妆！今天，我就来跟大家安利一款我最近超爱的××口红，它简直就是学生的口红救星！

首先，来聊聊××口红的外观。这款口红的包装超级简约大方，拿在手里很有质感。而且，它的体积小巧，放进口袋或包包里完全不占地方，随时随地都能拿出来补妆，简直不要太方便！

接下来是重点——颜色！××口红的颜色选择超级丰富，从温柔的豆沙色到活泼的珊瑚色，再到优雅的玫瑰色，应有尽有。我个人超爱它的 001 号色，是一种温柔的豆沙色，涂上后嘴唇瞬间变得饱满有气色，而且超级显白！不管是在上课、逛街还是约会，都能轻松驾驭。

再来说说它的质地。××口红的质地超级滋润，上嘴后不仅颜色饱满，而且完全不拔干。即使是干燥的秋冬季节，也能让嘴唇保持水润，不用担心唇纹问题。而且，它的持久度也很棒，吃个饭、喝个水颜色都不会掉，完全不用担心补妆的问题。

……

5.4.2 生成时尚穿搭类文案

小红书，作为引领潮流趋势的社交平台，已成为众多时尚爱好者分享穿搭心得和发现灵感的理想之地。随着人工智能技术的发展，AIGC不仅能辅助运营者生成高质量的内容，还能帮助他们快速捕捉时尚热点，实现个性化表达，相关案例如下。

提示词

假设你是一位专门分享时尚穿搭的小红书博主，请以"精英白领日常通勤穿搭指南"为主题，写一篇小红书笔记，字数为500字。

智谱清言

标题：【职场必备】精英白领日常通勤穿搭指南，提升你的职场形象！

正文：

大家好，我是你们的时尚穿搭博主。今天来给大家分享一篇精英白领日常通勤穿搭指南，帮助你在职场中提升形象，成为办公室的时尚焦点。

【周一】气场全开

新的一周，从气场全开的穿搭开始。选择一套深色西装套装，内搭白色衬衫，简洁大方。搭配一双黑色高跟鞋，瞬间提升职场气质。别忘了佩戴一条简约的项链，为整体造型加分。

【周二】优雅知性

周二，我们可以尝试优雅知性的风格。一件浅灰色西装外套，搭配白色T恤和深蓝色牛仔裤，既舒适又时尚。脚踩一双裸色高跟鞋，拉长腿部线条。手拿一款简约手提包，展现职场女性的优雅魅力。

【周三】商务休闲

周三，让我们在商务与休闲之间找到平衡。一件藏蓝色风衣，内搭白色打底衫和九分牛仔裤，轻松应对温差。一双小白鞋，为整体造型增添活力。佩戴一副墨镜，时尚感拉满！

【周四】时尚干练

周四，是时候展现你的时尚干练了。一件黑色西装外套，搭配白色雪纺衫和黑色西裤，简约而不简单。一双红色高跟鞋，为整体造型增添亮点。佩戴一款精致的腕表，彰显职场女性的干练气质。

……

5.4.3　生成旅行攻略类文案

小红书，作为一个集分享与发现于一体的社交平台，成为许多旅行者分享旅途故事、推荐秘境景点的地方。AIGC 能帮助运营者策划一份详尽的旅行攻略，相关案例如下。

👤 提示词

假设你是一位旅行爱好者，利用自己的旅行见闻和知识，运营了一个小红书账号，专门分享一些旅行攻略，请以"重庆景点打卡指南"为主题，写一篇小红书笔记，字数为 500 字。

🌀 智谱清言

标题：【打卡必备】重庆景点打卡指南，这些地方你一定不能错过！

正文：

亲爱的游客朋友们，我是你们的旅行小助手。今天给大家带来一篇重庆景点打卡指南，带你领略这座山城的魅力所在。

【洪崖洞】

首先，当然是网红打卡地洪崖洞。夜晚的洪崖洞灯光璀璨，仿佛现版的千与千寻。最佳的拍照地点在嘉陵江对岸，可以拍到洪崖洞的全景，记得带上你的相机哦！

【长江索道】

乘坐长江索道，你可以从空中俯瞰重庆两江交汇的壮丽景色。记得提前预约，避免排队等候时间过长。在索道上，别忘了拍下你的"空中漫步"照。

【磁器口古镇】

磁器口古镇是重庆的文化名片，这里有各种小吃、手工艺品店。在古镇里，你可以穿上古装，来一场穿越时空的打卡。

【南山一棵树观景台】

……

5.4.4　生成情感故事类文案

AIGC 可以帮助运营者将自己的心路历程化作一篇篇触动人心的故事，还能帮助运营者捕捉那些难以言喻的情感瞬间，将它们转化为文字，与更多人分享那份感动，相关案例如下。

👤 提示词

假设你是一位小红书情感故事分享博主，因为故事感人，语言唯美，情感真挚，收获了上百万的粉丝，请以"回忆童年与小伙伴摘枇杷的故事"为题，写一篇情感小故事，字数不超过 500 字，要求角度新颖，情感真挚，风格童趣幽默。

105

智谱清言

标题：回忆童年与小伙伴摘枇杷的故事

在那个阳光总是懒洋洋的五月，我和小胖、阿梅三个小家伙，成了村头那片枇杷林的小霸王。每当金黄的枇杷挂满枝头，我们的童年也就染上了甜蜜的色彩。

那天，阳光正好，微风不燥，我们三人一拍即合，决定进行一场"枇杷大作战"。小胖负责爬树，阿梅和我则在树下接应。小胖像只灵活的胖猴子，三两下就蹿到了树上，一边摘一边往嘴里塞，那满足的小模样，仿佛尝到了人间美味。

"小胖，你倒是往下扔啊！"我急得直跳脚。这时，一颗枇杷不偏不倚地砸在我的头上，我捡起来就往嘴里塞，酸酸甜甜的，真是人间美味。

突然，一声"喵呜"打破了我们的欢声笑语，原来是不远处的大黄猫发现了我们的"秘密行动"。我和阿梅吓得四处逃窜，小胖在树上急得直喊："别丢下我！"结果，一个重心不稳，小胖从树上掉了下来，还好是掉进了草丛里，只是衣服剐破了几个洞。

我们三个坐在草地上，看着彼此狼狈的样子，忍不住哈哈大笑。那时候的我们，不知道什么是忧愁，只知道枇杷的甜，还有和小伙伴们在一起的快乐。

......

5.4.5 生成美食推荐类文案

小红书以其独特的社区氛围，已然成为无数美食爱好者竞相分享心得、交流体验的平台。而 AIGC 可以帮助运营者以细腻的手法，精准捕捉并描绘出每一道佳肴的诱人细节，从而创作出既令人垂涎欲滴又极具个人风格的美食推荐笔记，为用户带来前所未有的沉浸式阅读体验，相关案例如下。

提示词

假设你是一位拥有百万粉丝的小红书美食推荐博主，请写一篇推荐长沙小吃臭豆腐的美食分享笔记，字数不超过 500 字。

智谱清言

标题：长沙味道 | 臭豆腐的正确打开方式，吃货必尝！

亲爱的小伙伴们，今天我要带你们领略一下长沙的地道风味——臭豆腐。作为一名美食博主，我推荐的绝对是一口入魂的美味！快来跟我一起品味这份独特的长沙小吃吧！

探店地点：长沙坡子街某老字号臭豆腐店

一走进坡子街，那独特的"香"味便扑鼻而来。别小看这臭豆腐，它可是有着"黑如墨玉，香飘十里"的美誉。这家老字号店铺，门庭若市，排队的人络绎不绝。

美食推荐：招牌臭豆腐

【外酥里嫩】

臭豆腐炸至外酥里嫩，色泽金黄，轻轻一咬，酥脆的外皮与嫩滑的内里完美融合，口感层次丰富。

【酱料独特】

搭配的酱料是臭豆腐的灵魂，这里的酱料有蒜泥、辣椒、香菜等多种选择，可根据个人口味调配。我推荐大家尝试蒜泥辣椒酱，那味道，简直让人欲罢不能！

【鲜香四溢】

虽然名为"臭"豆腐，但入口却是鲜香无比。独特的发酵工艺，让臭豆腐散发出一股特殊的香味，让人回味无穷。

小贴士：

……

5.4.6 生成萌宠趣事类文案

AIGC 能帮助运营者记录萌宠的趣事，将一段简短的文字描述转化为一篇有趣精美的笔记，让用户能感受到来自宠物世界的纯真与美好，相关案例如下。

提示词

假设你是一位萌宠博主，专门在小红书平台上分享自己与狗狗的日常趣事，请以"我与狗狗的日常生活"为题，写一篇萌宠趣事类笔记，字数不超过 500 字。

智谱清言

标题：我与狗狗的日常生活——那些让人笑出眼泪的瞬间

正文：

大家好，我是你们的萌宠博主小糖糖，今天来跟大家分享一下我与我家狗狗"豆豆"的日常生活，那些让人笑出眼泪的趣事，保证让你暖化心灵！

每天早晨，豆豆都会准时叫我起床，它的方式特别独特——用湿漉漉的舌头舔我的脸。每当这时，我都会笑着推开它，然后陪它一起去晨跑。跑累了，豆豆就会躺在草地上打滚，那模样，简直萌化了！

一日，我在家做饭，豆豆突然冲进厨房，眼睛直勾勾地盯着案板上的食材。我故意拿起一块肉逗它，没想到豆豆竟然站立起来，两只前爪合十，仿佛在说："主人，求求你了，给我吃一口吧！"我忍不住笑出声，给它喂了一小块肉，它满足地摇着尾巴。

晚上是我和豆豆的游戏时间，我们会一起玩捉迷藏。每次我藏起来，豆豆都能迅速找到我。有一次，我躲在衣柜里，豆豆竟然把脑袋伸进来，一脸得意地看着我，仿佛在说："主人，你又被我找到了！"

豆豆还有一个特殊技能——模仿我。有一次，我不小心摔倒了，疼得龇牙咧嘴。豆豆见状，竟然也学着我摔倒，然后爬起来，用爪子摸摸我的头，好像在安慰我。那一刻，我的心都被它暖化了。

虽然豆豆有时候调皮捣蛋，但它给我的生活带来了无尽的欢乐。每天和它在一起，我都觉得无比幸福。感谢豆豆陪伴我度过的每一段美好时光，愿我们的友谊长存！

5.4.7 生成职场面试技巧类文案

小红书中汇聚了非常多的职场达人和求职者，这些求职者将自己的经验和面试技巧通过小红书分享给大众。而 AIGC 可以分析和总结成功的面试案例，根据最新的行业趋势和个人背景定制个性化的面试建议，帮助运营者创作实用有效的职场面试技巧类笔记，相关案例如下。

提示词

你是一位专门分享职场面试技巧类笔记的小红书运营者，现在请你以刚毕业的大学生为对象，创作一篇以"常见的面试问题及答案汇总"为题的笔记，字数不超过 500 字。

智谱清言

标题：常见的面试问题及答案汇总——应届毕业生必备攻略

正文：

亲爱的小伙伴们，恭喜你们即将踏入职场，面对人生中的第一场面试，是不是既紧张又期待？别担心，今天我就为大家整理了一些常见的面试问题及答案，助你们一臂之力，轻松应对面试官！

请你自我介绍一下。

答案提示：简洁明了地介绍你的姓名、专业、毕业院校，以及你在学习或实习中取得的成绩和特长。

你为什么选择我们公司？

答案提示：提前了解公司背景、文化和业务，结合职业规划，表达你对公司的认同和向往。

你的优点和缺点是什么？

答案提示：优点要真实可信，缺点要选择那些可以转化为优势的，比如"我有时候过于追求完美"。

你在团队合作中通常扮演什么角色？

答案提示：根据实际情况回答，可以是组织者、执行者或者协调者，重要的是要展示你的团队精神。

你如何看待工作中的压力？

答案提示：表达你能合理应对压力，将压力转化为动力，同时提到一些减压方法。

你的职业规划是什么？

答案提示：明确你的短期和长期目标，让面试官看到你的成长潜力和稳定性。

你有什么想问我们的吗？

……

本章小结

本章首先介绍了小红书文案的写作要点,包括文案原则、爆款文案的特征、爆款文案的创作注意事项;然后介绍了小红书文案的创作技巧,包括明确卖点、厘清结构、分析模板、保持个性化等;接着介绍了小红书文案的 AIGC 提示词编写技巧,重点强调了明确目标、追求质量、采用自然语言、示例和引导等技巧;最后探讨了如何使用 AIGC 辅助小红书文案写作,包括生成美妆带货类文案、时尚穿搭类文案、旅行攻略类文案、情感故事类文案、美食推荐类文案等技巧。

课后实训

鉴于本章知识的重要性,为了帮助读者更好地掌握所学内容,本节将通过课后实训,帮助读者进行简单的知识回顾和补充。

实训任务:使用智谱清言写一篇关于扫地机器人的产品文案,突出产品的特点和优势,相关案例如下。

提示词

请作为一名专业的营销人员,写一篇关于扫地机器人的产品文案,要求:表达流畅、紧扣主题、结构合理、语言简洁、风格统一。请注意小红书文案的要点和技巧,并突出产品的特点和优势。

智谱清言

标题:【家居新宠】告别清扫烦恼,一键开启智能生活——揭秘扫地机器人的魅力!

正文:

亲爱的朋友们,你是否还在为家中的清洁问题而烦恼?每天工作之余,还要花费大量时间和精力打扫卫生,实在是让人心力交瘁。今天,就让我带你认识一款家居清洁神器——扫地机器人,让你轻松告别清扫烦恼,享受智能生活!

【智能导航,精准清扫】

我们的扫地机器人采用先进的激光导航技术,能够快速扫描家居环境,绘制出精确的地图。在清扫过程中,它能智能规划路线,避开障碍物,确保家中每个角落都能得到彻底清洁。

【强大吸力,深度清洁】

搭载高性能的马达,扫地机器人拥有强大的吸力,无论是灰尘、毛发还是颗粒物,都能一网打尽。深层清洁,让家焕然一新。

【持久续航,无忧使用】

超大容量电池，一次充电即可满足整屋清扫需求。智能断电保护功能，确保在电量不足时自动返回充电座，让你无须担心清扫过程中断。

【智能互联，轻松操控】

通过手机App远程操控，随时随地调整清扫模式、预约清扫时间，让你在外也能掌控家中清洁。语音助手功能，让你一句话就能指挥扫地机器人工作，享受科技带来的便捷。

……

小红书的图片创作

第 6 章

在小红书运营中,图片不仅是吸引用户注意力的关键,更是传播信息与引发用户共鸣的重要工具。随着 AIGC 技术的崛起,图片创作的效率和质量得到非常大的提升。本章将从小红书图片的拍摄技巧、设计要点,到 AIGC 提示词技巧,再到如何利用即梦 AI 创作图片等方面,逐步揭示高效且创新的图片创作方法,打造既符合市场需求又具有高度吸引力的图片。

6.1 小红书图片的拍摄技巧

对于小红书运营者来说，图片创作是避不开的话题。合适的图片可以为文章增光添彩，不合适的图片会拉低整篇文章的质量，从而导致流量的流失。本节将介绍小红书图片的拍摄技巧。

6.1.1 注重采光问题

不管是在室内还是室外，打卡照片最考验的永远都是光线问题。有的照片要么光线太暗，拍出来黑成一团，不仅无法表现打卡的美感，还会给后期修图增加难度；要么光线太亮，会让照片过于刺眼，难以表达出拍摄者的情绪。

因此，如果拍摄的是室内打卡照，可以让人物尽量靠近窗户，这里光线比较好，既不刺眼又不会太暗，可以很好地突出人物主体，如图 6.1 所示。

图 6.1 靠窗拍摄突出人物主体

此外，如果是在夜晚拍摄，而拍摄者没有掌握拍摄技巧或者后期技术，一般不建议人物主体站在很亮的顶灯下面，这样拍出来的图片会因为光线过于刺眼而失真。

6.1.2 重视画面构图

对于一张照片来说，一个好的构图能提升照片的美感，尤其是在小红书平台，照片作为用户对该笔记印象的首要影响因素，在笔记的引流方面起着十分重要的作用。因此，笔记的创作者要重视画面构图，并且良好的构图能使照片更加吸睛。

小红书的打卡照一般是在室内拍摄的，室内场景没有室外那么空旷，但却拥有众多小物件，如盆栽等。拍摄者如果能利用好这些细节感"爆棚"的小物件，将其作为前景，就能轻易拍出层次感丰富的照片。

使用前景构图的打卡照片，过滤掉了场景中的多余元素，更加凸显人物主体。前景构图的技巧有两种，一种是利用场景自带的细节作为前景，如图 6.2 所示；另一种是自行布置符合场景氛围的前景，如图 6.3 所示。

通过运用多种前景作为构图要素，能够使得画面更具层次感，也会让其他用户更能体会到照片带有的情绪，让照片更具故事感，增强图片感染力。

图 6.2　利用场景自带的细节作为前景构图　　　图 6.3　自行布置的前景构图

6.1.3　调整拍摄角度

拍摄角度对于打卡照片的呈现效果也有极大的影响，角度不同，拍出来的照片也会有很大的不同。同一个拍摄场景，变换角度就能直接影响画面的结构、情绪表达等，不同角度拍摄的照片意境也不尽相同。

那么，不同拍摄角度能带来怎样的拍摄效果呢？下面介绍 4 个不同拍摄角度的拍摄效果，如图 6.4 所示。

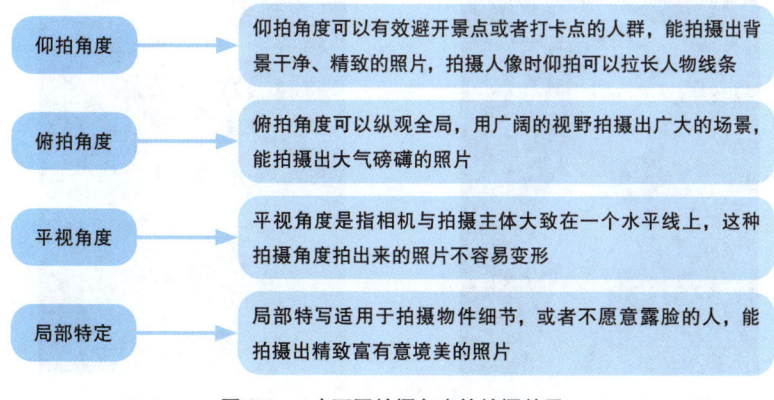

仰拍角度	仰拍角度可以有效避开景点或者打卡点的人群，能拍摄出背景干净、精致的照片，拍摄人像时仰拍可以拉长人物线条
俯拍角度	俯拍角度可以纵观全局，用广阔的视野拍摄出广大的场景，能拍摄出大气磅礴的照片
平视角度	平视角度是指相机与拍摄主体大致在一个水平线上，这种拍摄角度拍出来的照片不容易变形
局部特定	局部特写适用于拍摄物件细节，或者不愿意露脸的人，能拍摄出精致富有意境美的照片

图 6.4　4 个不同拍摄角度的拍摄效果

在小红书的打卡拍摄中，根据不同场景、不同人物和物品及拍摄需求，灵活选择拍摄角度，能够让照片更具活力，吸引更多用户的关注。图 6.5 所示为采用仰拍角度拍摄出来的照片；图 6.6 所示为采用俯拍角度拍摄出来的照片。我们可以看到，采用不同的角度拍出来的照片能给人带来完全不同的视觉感受。

图 6.5　仰拍角度拍摄　　　　　　　图 6.6　俯拍角度拍摄

仰拍角度拍摄的照片以高处的天空作为背景，更为简约干净，并且这个角度还能拉长模特的身体线条，使之更具时尚感。而俯拍角度则可以纵观全局，给用户带来延伸的联想，并且拍摄出来的模特会更具动感。

相较而言，平视角度拍摄照片会更加简单，对于设备、拍摄人员的技术水平等要求不高，更容易操作。而局部特写要求意境感，对于拍摄设备的要求高，要求能清晰地拍摄出被摄主体的细节。图 6.7 所示为平视角度拍摄的照片；图 6.8 所示为局部特写拍摄的照片。

图 6.7　平视角度拍摄　　　　　　　图 6.8　局部特写

在图 6.5～图 6.8 的照片中，平视角度拍摄的照片，照片整体的画面不容易变形，清晰地将主体与背景纳入照片中，对于拍摄者而言，平视是最简单的拍摄角度。而局部特写模糊了背景，使用户一眼就注意到画面中心的昆虫头部，主体更为突出，将昆虫头部的细节全部展现给了用户。

6.2 小红书封面图片的设计要点

小红书中的图片包括封面图片和内容图片，封面图片相当于小红书笔记的门面，一个好的封面图片能够吸引更多用户查看运营者的笔记，因此学会设计制作出一个好的封面图片是有必要的。本节将介绍封面图片的设计要点，使读者掌握封面图片的制作技巧。

6.2.1 封面图片的尺寸

在小红书平台中，常见且适应小红书排版的封面图片尺寸主要有 3 种，分别是横屏的 4 ∶ 3 尺寸、正方形的 1 ∶ 1 尺寸、竖屏的 3 ∶ 4 尺寸，如图 6.9 所示。

图 6.9　3 种封面图片尺寸

需要注意，当运营者上传多张图片时，最好是上传同一尺寸的图片。如果上传的是不同尺寸的图片，系统可能会将其他图片默认为第一张图片的尺寸而进行裁剪或填充，这样就有可能丢失图片中的重要信息，因此在上传时，最好保证图片的尺寸是一致的。

横屏图片占据的空间比较小，可能会出现没有被用户看到便滑走的情况，而竖屏的图片占据的空间比较大，能展现更多的信息，不会被用户轻易忽视。

6.2.2 封面图片的表现形式

我们在看小红书笔记时，可以发现小红书的封面图可谓是多姿多彩，各有千秋。如果想要让自己的笔记在众多笔记中脱颖而出，被更多用户看到，就需要对封面图片的表现形式有一个全面的认识，小红书封面图片的5种表现形式如下。

1. 纯色+文字

纯色+文字的封面图片能够给用户带来舒适的阅读体验，并且纯色背景上的文字一般是对笔记内容的概括，这种简洁明了的排版模式更能吸引用户，也能让小红书的主页更为统一。图6.10所示为使用纯色+文字的小红书笔记封面图。

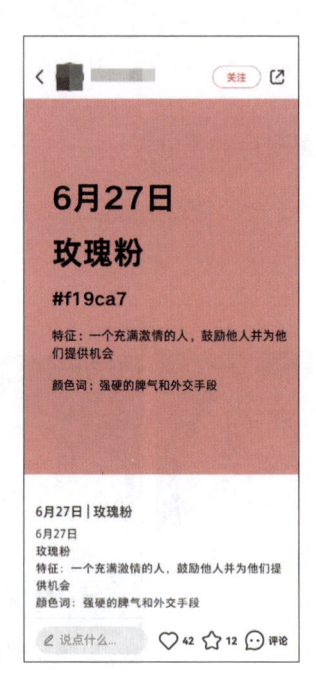

图6.10 纯色+文字的封面图

纯色+文字的封面图比较适合干货类的分享笔记，在纯色的封面背景中用放大的文字点明笔记的主题内容，让用户一看封面图就知道笔记的主要内容。

这种封面形式制作比较简单，而且小红书笔记的创作者还可以根据笔记内容选择封面颜色。比如，当笔记的内容比较活泼时，可以选择比较鲜亮的颜色，如红色、黄色、橙色等；当笔记内容比较严肃时，则可以选择颜色较深的冷色调，如灰色、深蓝色、褐色等。

2. 单图特写+文字

单图特写+文字与纯色背景+文字的形式类似，都是用一张背景图打底，再用放大的文字展现笔记标题。这种单图特写+文字的封面形式经常被用来作为干货分享类笔记的封面，如图6.11所示。

图6.11　单图特写+文字的封面图

与纯色背景相比，单图特写的背景在小红书社区中被运用得更多。运营者可以自由选择封面图片，图片可以是自己的手绘画，也可以是自己拍摄的照片，还可以是自拍照。

3. 双图对比+文字

小红书的双图对比+文字的封面图片一般适用于产品推荐的笔记中，通过展示产品使用前后的不同效果，展现出产品的良好性能。

在小红书App中，双图对比的封面图片经常被KOL（Key Opinion Leader，关键意见领袖）用来向其他用户推荐护肤品、化妆品等。图6.12所示为使用双图对比+文字的小红书笔记封面。

图6.12　双图对比+文字的封面图

图6.12就是十分典型的双图对比+文字的形式，两篇笔记内容都是向用户推荐美妆产品，一个是展示不同口红在唇上的不同视觉效果，另一个则是展示不同手法涂口红带来的不同效果。

这种双图对比+文字的封面图片能给用户带来强烈的视觉冲击，从而更加直观地了解产品的性能与效用，在产品种草、展示成果等方面有重要作用。

4. 4图展示+文字

4图展示+文字的形式同样是小红书中常用的一种封面形式，通常会被博主用来推荐化妆品、护肤品等，如图6.13所示。

图6.13　4图展示+文字的封面图

需要注意，4图展示的功能与双图对比+文字的形式一致，都是通过展示产品的效用，让用户对产品有更加清晰的认识。

此外，这种类型的封面形式也可以多图展示作品，让用户对笔记内容有大概的了解，从而帮助笔记的创作者精准地吸引粉丝，在某种程度上，也能提高粉丝黏性。

5. 多图合成+文字

多图合成+文字的封面形式在小红书中被广泛使用，通常被用来展示某产品的同一系列产品，展示不同品牌的同类型产品，或者展示笔记创作者的多个作品。通过对比，让用户更为直观地了解自己感兴趣的内容。

图6.14所示为使用多图合成+文字形式的小红书封面。

在图6.14中，可以很清楚地看到图（a）是对同一品牌不同产品的展示，博主向粉丝推荐该品牌中值得购买的口红色号；图（b）则是博主展示不同品牌的同类口红产品，并向粉丝推荐其中值得购买的口红。

(a)　　　　　　　　　　(b)

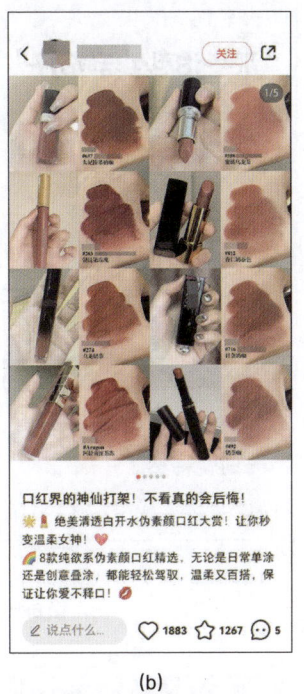

图6.14　多图合成+文字的封面图

需要注意，多图合成+文字的形式很容易让封面图片显得杂乱无章，这就很考验创作者的图片配色能力和图片拍摄能力，尽量让封面在放置多图的同时又能井然有序地展现出笔记内容。

6.2.3　封面图片的注意事项

不管是图文封面，还是视频封面，在设计封面时，都需要注意两个方面的问题，一个是标题风格和位置，另一个是风格的一致性。

1. 标题风格和位置

（1）标题风格：一般来说，封面标题的风格要与账号的定位相同。如果是萌宠类的账号，封面可以使用一些比较可爱的字体；如果是比较正式的账号，如教学类、知识类的账号，则使用比较常规的字体会好一些。

图6.15所示为图文笔记的封面，图（a）主要记录一些治愈性的文案，因此其封面使用的是可爱字体，而图（b）的内容是帮助用户提升技能，其封面使用的便是常规的字体。

（2）标题位置：标题的位置影响封面的协调性，因此标题位置也很重要。有的博主是放置在视频的顶部，而有的博主则是放置在视频的底部。不管是顶部还是底部，只要不影响封面整体的协调性，都是可以的。

图6.16所示为两个视频笔记的封面。图（a）封面的标题放在顶部，图（b）放在底部，这两个封面的图片都比较和谐。

　　　　　　　　(a)　　　　　　　　　　　　　(b)

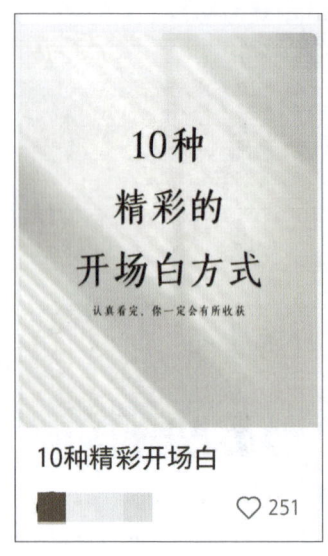

图6.15　图文笔记的封面

　　　　　　　　(a)　　　　　　　　　　　　　(b)

图6.16　视频笔记的封面

2. 风格的一致性

　　要想长期运营小红书账号，并且快速增粉，在笔记的封面上就要下功夫。博主可以利用封面为自己打造一个个性鲜明且独特的人设，然后保持封面的风格统一。此外，更新的频率最好不要改变。

　　如果博主频繁地改变笔记封面的风格，而且还不及时更新内容，就很难给用户留下深刻的印象，也很难打造一个属于自己的、独特的IP，也会影响账号的垂直度。

图 6.17 所示为两个博主的主页，可以看出他们的封面风格都非常统一，这样的主页会让用户觉得很清爽。

图 6.17　两个博主的主页

6.3　小红书 AI 图片生成的提示词技巧

本节将深入探讨如何利用 AI 技术创作引人注目的小红书图像内容。从构图提示词到风格提示词再到出图提示词等，将逐一解析使用 AI 技术帮助运营者提升图片的美感、真实感、质感和个性化特征。

6.3.1　构图提示词

构图是传统摄影创作中不可或缺的部分，主要通过有意识地安排画面中的视觉元素来增强图片的感染力和吸引力。在 AI 绘画工具中输入构图提示词，通过描述取景方式，可以增强画面的视觉效果，传达独特的观感和意义，创作出精美的小红书图片。

例如，对称构图是指将被拍摄对象平分成两个或多个相等的部分，在画面中形成左右对称、上下对称或者对角线对称等不同形式，从而产生一种平衡和富有美感的画面效果，上下对称构图效果如图 6.18 所示。

又如，微距构图是一种专门用于拍摄微小物体的构图方式，使用这种构图的主要目的是尽可能地展现主体的细节和纹理，以及赋予图片更大的视觉冲击力，这种构图适用于花卉、小动物、美食、生活中的小物品，微距构图效果如图 6.19 所示。

图6.18　上下对称构图的效果

图6.19　微距构图的效果

6.3.2　摄影提示词

在使用 AI 绘画工具时，输入一些与所需绘制画面相关的提示词或短语，以帮助 AI 模型更好地确定主题，创作出符合需求的小红书图片。

例如，焦距是镜头的光学属性，表示从镜头到成像平面的距离，它会对照片的视角和放大倍率产生影响。35mm 是一种常见的标准焦距，视角接近人眼，适用于生成人像、风景、街景等 AI 摄影小红书作品，效果如图 6.20 所示。

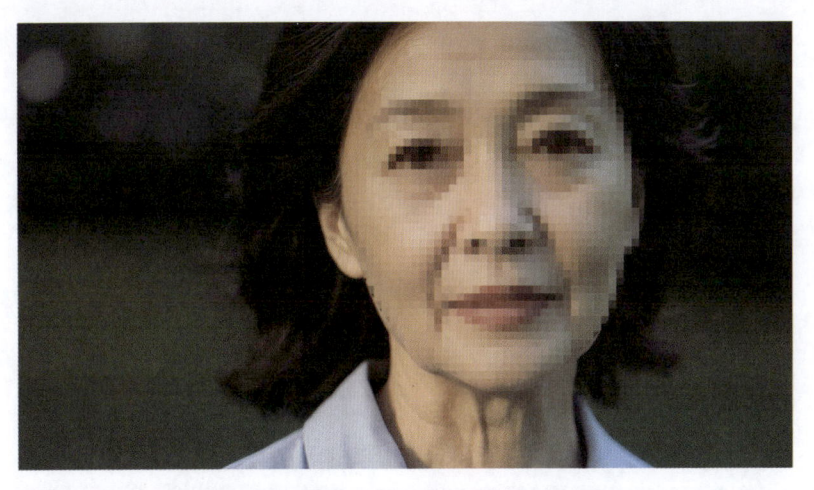

图6.20　模拟35mm焦距生成的图片效果

又如，曝光是相机在拍摄过程中接收到的光线量，它由快门速度、光圈大小和感光度3个要素共同决定，曝光会影响照片的整体氛围和情感表达。正确的曝光可以保证照片具有适当的亮度，使主体和细节清晰可见。利用AI绘画工具生成小猫照片时，可以输入"过曝""曝光补偿"等提示词，确保主体和细节得到恰当的曝光，使主体更明亮、更清晰，曝光补偿图片效果如图6.21所示。

图6.21　曝光补偿图片效果

扫码看效果　扫码看视频

6.3.3　细节提示词

光线与色调是图片中非常重要的细节元素，它们可以呈现出很强的视觉吸引力，传达出运营者想要表达的情感。

例如，逆光是从主体的后方照射过来的光线，在摄影中也称为背光。在AI绘画工具中，输入提示词"逆光"可以使图片营造出强烈的视觉层次感和立体感，让物体轮廓更加分明、清晰，效果如图6.22所示。

123

图6.22 逆光图片效果

又如，糖果色调是一种鲜艳、明亮的色调，常用于营造轻松、欢快和甜美的氛围。糖果色调主要是通过增加画面的饱和度和亮度，同时减少曝光度来达到柔和的画面效果，会给人一种青春跃动和甜美可爱的感觉。

在 AI 绘画工具中，"糖果色调"非常适合用于生成建筑、街景、儿童、食品、花卉等类型的照片。例如，在生成建筑图片时，输入提示词"糖果色调"，生成的图片会给人一种童话世界般的感觉，色彩丰富又不刺眼，效果如图 6.23 所示。

图6.23 糖果色调图片效果

6.3.4 风格提示词

扫码看效果　扫码看视频

在 AI 绘画工具中输入风格提示词，通过描述创意和艺术形式，可以让生成的小红书图片更具美学风格和个人创造性。

例如，极简主义是一种强调简洁、减少冗余元素的艺术风格，旨在通过精简的形式和结构来表现事物的本质和内在联系，让画面更加简洁。在 AI 绘画工具中，极简主义风格的提示词包括：简单、简洁的线条、极简色彩、负空间、极简静物等，效果如图 6.24 所示。

图6.24　极简主义风格的图片效果

又如，印象主义是一种强调情感表达和氛围感受的艺术风格，通常选择柔和、温暖的色彩和光线，在构图时注重景深和镜头虚化等视觉效果，以创造出柔和、流动的画面感，从而给用户传递特定的氛围和情绪，效果如图 6.25 所示。

图6.25　印象主义风格的图片效果

6.3.5　出图提示词

在使用 AI 绘画工具绘制小红书图片时，可以输入一些出图指令和提示词，描述图片的品质和渲染类型，以帮助 AI 更好地激发创意。

例如，输入提示词"8K 分辨率"，可以让 AI 创作的小红书绘画作品呈现出更为清晰流畅、真实自然的画面效果，并为用户带来更好的视觉体验。

在"8K 分辨率"中，"8K"表示图片分辨率高达 7680 像素 ×4320 像素的超高清晰度，"分辨率"则用于再次强调高分辨率，从而让画面有较高的细节表现能力和视觉冲击力。输入提示词"8K 分辨率"生成的图片效果如图 6.26 所示。

又如，"超清晰 / 超高清晰"这组提示词，能够为 AI 绘画作品带来超越高清的极致画质和更加清晰、真实、自然的视觉感受。

125

图6.26　输入提示词"8K分辨率"生成的图片效果

在"超高清晰"中,"超高"表示超级或极致,"清晰"则代表图片的清晰度或细节表现能力。输入提示词"超高清晰",不仅可以让小红书图片呈现出锐利、清晰和精细的效果,还能展现出更多的细节和纹理,效果如图6.27所示。

图6.27　输入提示词"超高清晰"生成的图片效果

6.4　使用即梦AI创作小红书图片

在即梦AI中,运营者可以通过提示词或参考图创作出精美的摄影图片。借助AIGC技术,运营者可以足不出户,获得不同主题的摄影效果,本节主要介绍相关创作技巧。

即梦AI是字节跳动公司推出的生成式人工智能创作平台。它支持通过自然语言及图片输入,生成高质量的图像及视频,旨在降低创作门槛,帮助用户生成创意图片,打造个性化作品,其操作页面如图6.28所示。

图6.28 即梦AI操作页面

6.4.1 以文生图：生成美食图片

"以文生图"技术是根据给定的文本描述生成相应的图像，这种技术通常涉及自然语言处理和计算机视觉的结合，它能够将文本信息转换为视觉内容。

【效果展示】：在即梦AI的"AI作图"选项区，通过"图片生成"功能，运营者可以输入自定义的提示词，让AI生成符合自己需求的图像，效果如图6.29所示。

图6.29 效果图片展示

下面介绍在即梦AI中生成美食图片效果的具体操作方法。

步骤 01 在浏览器中打开并进入即梦AI官网，在首页的"AI作图"选项区中，单击"图片生成"按钮，如图6.30所示。

步骤 02 进入"图片生成"页面，在页面左上方的输入框中，❶输入AI绘画的提示词；❷单击"立即生成"按钮，如图6.31所示。

127

步骤 03 之后，即可生成4幅相应的图片，在第1张图片的工具栏中单击"超清"按钮 HD，如图 6.32 所示。

步骤 04 执行操作后，即可生成一张超清晰的即梦AI图片，在图片的右上角单击"下载"按钮，如图 6.33 所示。

图6.30 单击"图片生成"按钮

图6.31 单击"立即生成"按钮

图6.32 单击"超清"按钮 HD

步骤 05 弹出"新建下载任务"对话框，❶输入名称与保存位置；❷单击"下载"按钮，如图6.34所示，即可下载即梦AI图片。

图6.33 单击"下载"按钮（1）

图6.34 单击"下载"按钮（2）

6.4.2 调整参数：生成产品图片

【效果展示】：产品类型的小红书图片是一类创意视觉呈现的作品，它们形式多样、风格各异，涵盖科技产品、时尚服饰、家居用品等多个领域。这些图片往往通过独特的构图、鲜明的色彩搭配，以及巧妙的光影运用，使图片成为吸引目标受众的视觉焦点，效果如图6.35所示。

下面介绍在即梦AI中生成产品图片的操作方法。

步骤 01 在即梦AI的"图片生成"对话框中，❶输入提示词；❷单击"生图模型"右侧的"修改"按钮，如图6.36所示。

步骤 02 在弹出的"生图模型"列表框中，选择"图片2.0"模型，如图6.37所示。

图6.35 效果图片展示

步骤 03 在"模型"选项区中，拖曳"精细度"下方的滑块，设置"精细度"参数为8，如图6.38所示。

步骤 04 在"比例"选项区中，❶选择3∶4选项，更改图片尺寸；❷单击"立即生成"按钮，如图6.39所示。

步骤 05 之后，即可生成4幅相应的AI图片，如图6.40所示。

129

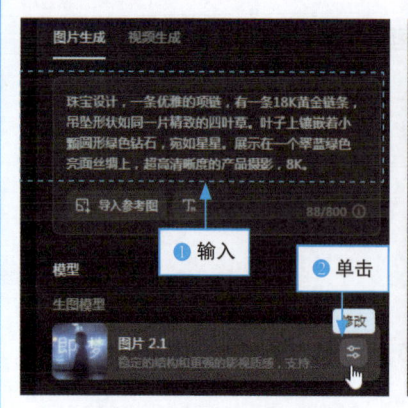

图6.36 单击"修改"按钮

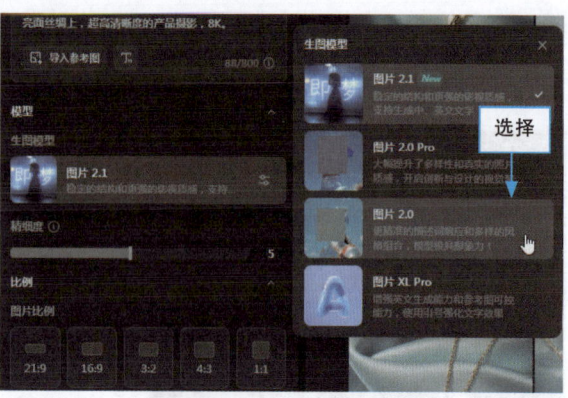

图6.37 选择"图片2.0"模型

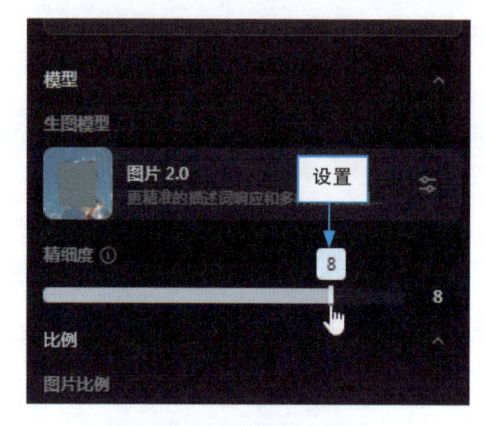

图6.38 设置"精细度"参数

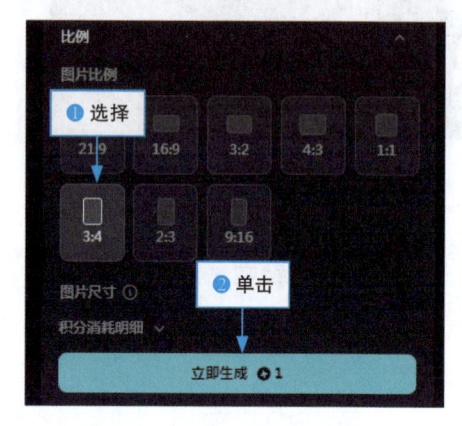

图6.39 单击"立即生成"按钮

图6.40 生成4幅相应的AI图片

6.4.3 以图生图：生成人物图片

【效果对比】：使用即梦的"参考图"功能，可以参考图片主体生成AI图片。AI首先会识别参考图片中的主要对象或视觉焦点，然后分析图片的风格和视觉特征，保持图片的主体内容不变，同时对背景或其他元素进行创意变化，原图与效果对比如图 6.41 所示。

(a) 原图　　　　　　　　　(b) 效果图

图 6.41　原图与效果图对比

下面介绍在即梦 AI 中生成人物图片效果的具体操作方法。

步骤 01 在即梦 AI 的"图片生成"页面中，单击"导入参考图"按钮，如图 6.42 所示。

步骤 02 弹出"打开"对话框，❶ 选择需要上传的参考图；❷ 单击"打开"按钮，如图 6.43 所示，即可导入参考图，并弹出"参考图"对话框。

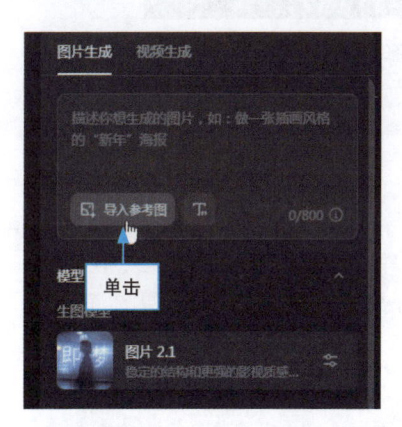

图 6.42　单击"导入参考图"按钮　　　　图 6.43　单击"打开"按钮

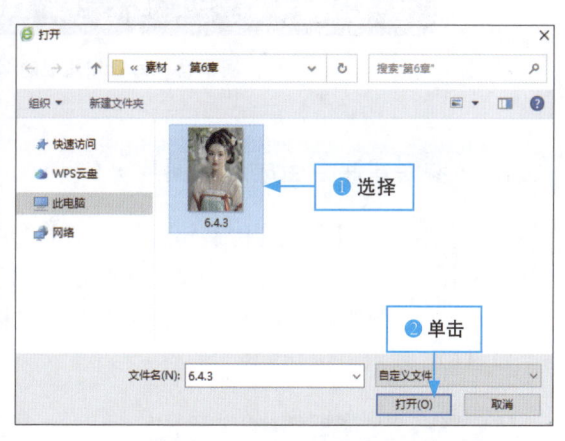

步骤 03 在"请选择你要参考的图片维度"选项区中，❶ 选中"主体"按钮，AI 会参考图片风格进行创作；❷ 单击"生图比例"右侧的下拉按钮　；❸ 在弹出的面板中选择 3：4 选项，如图 6.44 所示，即可设置图片比例。

步骤 04 单击"保存"按钮，保存设置的参考项和生图比例，并返回"图片生成"页面，❶ 在输入框中输入提示词；❷ 单击"立即生成"按钮，如图 6.45 所示。

步骤 05 之后，即可让即梦 AI 根据参考图和提示词生成 4 张图片，如图 6.46 所示。

131

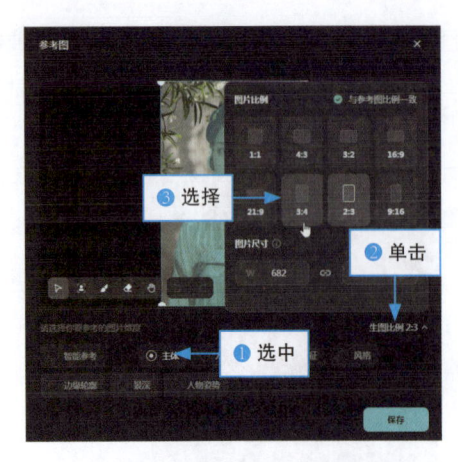

图6.44　选择3∶4选项

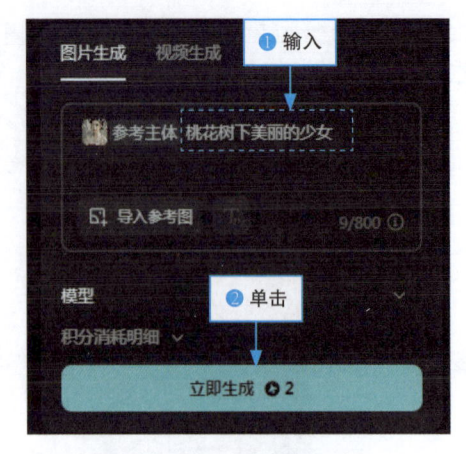

图6.45　单击"立即生成"按钮

图6.46　即梦AI生成的4张图片

6.4.4　参考景深：生成风景图片

【效果对比】：景深是指在摄影中，被摄物体前后的清晰范围，它能够营造出一种深度感，使图像具有三维空间的效果。借助即梦AI的图生图功能，运营者可以利用图像的景深关系生成新的图像，原图与效果图对比如图6.47所示。

(a)原图　　　　　　　　　　　　　　(b)效果图

图6.47　原图与效果图对比

下面介绍在即梦 AI 中利用景深生成风景图片效果的具体操作方法。

步骤 01 在即梦 AI 的"图片生成"页面中，单击"导入参考图"按钮，如图 6.48 所示。

步骤 02 弹出"打开"对话框，❶ 选择需要上传的参考图；❷ 单击"打开"按钮，如图 6.49 所示，即可导入参考图，并弹出"参考图"对话框。

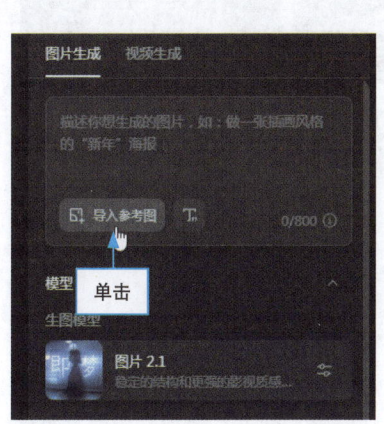

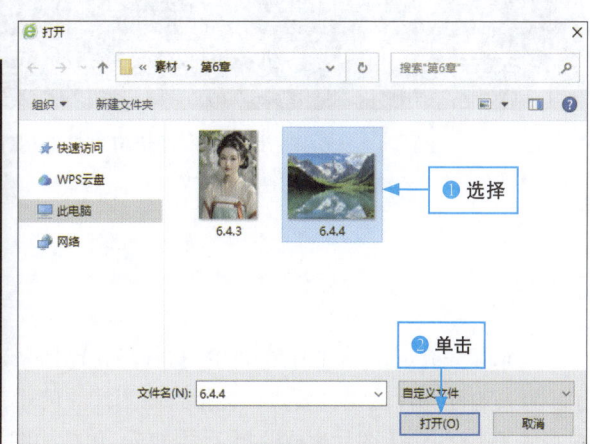

图 6.48　单击"导入参考图"按钮

图 6.49　单击"打开"按钮

步骤 03 在"请选择你要参考的图片维度"选项区中，❶ 选中"景深"按钮；❷ 单击"保存"按钮，如图 6.50 所示，保存设置的参考项。

步骤 04 执行操作后，返回"图片生成"页面，❶ 在输入框中输入提示词；❷ 单击"立即生成"按钮，如图 6.51 所示。

图 6.50　单击"保存"按钮

图 6.51　单击"立即生成"按钮

步骤 05 之后，即可让即梦 AI 根据参考图和提示词生成 4 张图片，如图 6.52 所示。

图6.52　即梦AI生成的4张图片

本章小结

本章首先介绍了小红书图片的拍摄技巧，包括采光、构图和拍摄角度等；然后介绍了小红书封面图片的设计要点，包括封面图片的尺寸、表现形式和注意事项等；接着详细阐述了小红书AI图片生成的提示词技巧，包括构图、摄影、细节、风格、出图等方面的提示词；最后探讨了如何使用即梦AI创作不同类型的小红书图片，包括美食、产品、人物和风景等类型。

课后实训

鉴于本章知识的重要性，为了帮助读者更好地掌握所学内容，本节将通过课后实训，帮助读者进行简单的知识回顾和补充。

实训任务：在即梦AI中，使用"图片生成"功能生成产品图片，效果如图6.53所示。

下面介绍在即梦AI中生成产品图片的具体操作方法。

步骤 01 在即梦AI的"图片生成"对话框中，输入提示词，如图6.54所示。

步骤 02 ❶设置图片比例为3∶4，更改图片尺寸；
❷单击"立即生成"按钮，如图6.55所示。

步骤 03 之后，即梦AI即可生成4张效果图片，如图6.56所示。

图6.53　效果图片展示

134

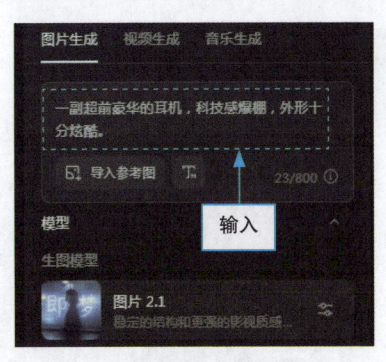

图6.54 输入提示词

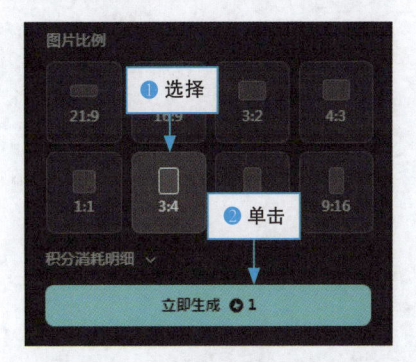

图6.55 单击"立即生成"按钮

图6.56 即梦AI生成的4张效果图片

第 7 章

小红书的视频制作

在小红书运营与推广的新时代,视频已成为不可或缺的内容形式。尤其是短视频,以其快速传播和沉浸式体验,成为用户注意力争夺的主战场。本章将深入探讨如何通过 AIGC 技术助力小红书视频的制作,从小红书视频的拍摄技巧到视频后期的处理,再到使用 AI 工具生成短视频等,帮助运营者快速制作精美的短视频,提高创作效率。

7.1 小红书视频的拍摄技巧

在小红书中除了图文笔记,还有视频笔记。运营者在制作视频内容时,一定要有敏锐的感知力,要清楚地了解自己需要的内容是什么,以及如何制作一个精美的视频。本节将介绍一些视频的拍摄技巧,包括拍摄工具、构图选择和运镜技巧等,读者可以选择适合自己的拍摄方法。

7.1.1 拍摄工具

小红书视频的主要拍摄工具包括智能手机、单反相机、运动相机等,运营者可以根据自己的资金状况来选择适合自己的拍摄工具。

1. 智能手机

对于视频品质要求不高的用户,普通的智能手机即可满足拍摄需求,这也是大部分用户最常用的拍摄设备。在选择视频拍摄的手机时,主要关注手机的视频分辨率规格、视频拍摄帧速率、防抖性能、对焦能力、存储空间等因素,优先选择一款拍摄画质稳定、流畅,并且可以方便进行后期制作的智能手机。

2. 单反相机

单反相机的价格跨度比较大,从几千元到几万元都有,通常价格越高整体性能也会越好,但具体选择哪一款相机还需要用户根据自己的预算来决定。如果你的预算充足,那么全画幅单反相机是拍视频的最佳选择。在同样的焦距下拍摄视频时,全画幅相机要比残幅相机更能充分发挥出镜头的优势。图7.1所示为单反相机及其结构图。

图7.1 单反相机及其结构图

对于单反相机,镜头是一个相当重要的部件,它是单反相机的"眼睛"。单反相机与手机拍摄视频相比,它的最大优势在于能够支持更换各种镜头,从而更好地控制画面的景别和虚实等。

在选择单反相机时还要综合考虑视频格式、视频码流、感光元件、镜头光学素质、存储和续航等因素。

3. 运动相机

对于一些视频爱好者，运动相机已是拍视频的"标配"设备，它非常适合拍摄户外旅行和娱乐生活等类型的视频。在选择运动相机时，读者可以从配置、功能、价格等维度来选购。

在配置方面，首先是视频分辨率及帧数，如 720P、1080P、4K 等，要求能够提供多种视频拍摄组合。然后是电池续航和充电，如大容量电池和快充功能是必备的，这样能够保证用户实现长时间拍摄。最后是否拥有丰富的额外配件，如手持稳定器、三脚架、移动电源等，这些配件能够起到防抖作用和提升续航能力。

在功能方面，运动相机通常需要具备多视频拍摄模式、防抖（电子防抖或光学防抖）、防水、防尘、防撞、降噪等功能。

如果拍摄者需要将运动相机挂在衣服、头盔或者车把上，则还需要注意机身的重量，尽量选择较为轻便的运动相机（图 7.2）。尤其是在拍摄滑雪、跳伞、滑板、登山、冲浪、骑行等运动时，用户还需要考虑运动相机是否支持多样化的安装方式，从而获得更大的取景视角。

图 7.2　轻便的运动相机

7.1.2　视频画面

拍摄器材是否稳定，影响视频画面的清晰度，如果手机或相机在拍摄时不够稳定，就会导致拍摄的视频画面也跟着摇晃，从而使画面变得十分模糊。如果手机或相机被固定好，那么在视频的拍摄过程中手机或相机就会十分平稳，拍摄出来的视频画面也会非常清晰。

大部分情况下，在拍摄视频时，都是用手持的方式来保持拍摄器材的稳定。三脚架（图 7.3）主要用来在拍摄视频时更好地稳固手机或相机，为创作清晰的视频作品提供一个稳定的平台。

图7.3　三脚架

三脚架的优点：一是稳定；二是能够伸缩。但三脚架也有缺点，就是摆放时需要放置在相对比较平稳的地面，而八爪鱼支架能弥补三脚架的缺点，因为它不仅能"爬杆""上树"，还能"倒挂金钩"，可以获得更多更灵活的取景角度，如图7.4所示。

图7.4　八爪鱼支架

手持稳定器的主要功能是稳定拍摄设备，防止画面抖动，适合拍摄户外风景或者人物动作类视频。图7.5所示为手持稳定器及其部件。

图7.5　手持稳定器及其部件

7.1.3 构图选择

画幅是影响视频构图取景的关键因素，用户在构图前要先决定好视频的画幅。画幅是指短视频的取景画框样式，通常包括横构图、竖构图、正方形构图、前景构图、中心构图、框式构图等，具体如下。

1. 横构图

横构图就是将手机或相机水平持握拍摄，然后通过取景器横向取景，如图7.6所示。因为人眼的水平视角比垂直视角要更大一些，因此横画幅给观众一种自然舒适的视觉感受，同时可以让视频画面的还原度更高。

2. 竖构图

竖构图就是将手机或相机垂直持握拍摄，拍出来的视频画面具有更强的立体感，比较适合表现高大物体、垂直线条及前后对比等视觉元素的视频题材。图7.7所示为小红书中采用竖构图的视频笔记。

图7.6 横构图视频　　　　　　图7.7 竖构图视频

需要注意的是，在小红书社区，KOL通常采用竖构图的方式来拍摄视频笔记，以便视频能够更好地与小红书纵向浏览的模式相符。

3. 正方形构图

正方形构图的画幅比例为1∶1，要拍出正方形构图的视频画面，通常要借助一些专业的视频拍摄软件，如美颜相机、小影、VUE Vlog、轻颜相机及无他相机等。

正方形构图能够缩小视频画面的观看空间，这样观众无须移动视线去观看全部画面，从而更容易抓住视频中的主体对象。

与横构图一样，正方形构图在小红书中用得同样较少，但一旦使用得当，往往能取得意想不到的效果。如图 7.8 所示为小红书中采用正方形构图的视频笔记。

图 7.8　正方形构图

4. 前景构图

前景就是位于视频拍摄主体与镜头之间的事物。前景构图是指利用恰当的前景元素来构图取景，可以使视频画面具有更强烈的纵深感和层次感，同时也能极大地丰富视频画面的内容，使视频更加鲜活饱满。因此，在拍摄视频时，可以将能够充当前景的事物拍进视频画面。

前景构图有两种操作思路，一种是将前景作为陪衬，将主体放在中景或背景位置，用前景来引导视线，使观众的视线聚焦到主体上；另一种则是直接将前景作为主体，通过背景环境来烘托主体。

在构图时，给视频画面增加前景元素，主要是为了让画面更有美感。那么，前景元素有哪些呢？在拍摄视频时，可以作为前景的元素有很多，如花草、树木、水中的倒影、道路、栏杆及各种装饰道具等，不同的前景有不同的作用。

5. 中心构图

中心构图又称为中央构图，即将视频主体置于画面正中间进行取景。中心构图最大的优点在于主体突出、明确，而且画面可以达到上下左右平衡的效果，更容易吸引观众注意力。拍摄中心构图的视频非常简单，只需要将主体放置在视频画面的中心位置即可，而且不受横竖构图的限制。

拍摄中心构图的相关技巧如下。

（1）选择简洁的背景。使用中心构图时，尽量选择背景简洁的场景，或者主体与背景反差比较大的场景，这样能够更好地突出主体。

（2）制造趣味中心点。中心构图的主要缺点在于效果比较呆板，因此拍摄时可以运用光影角度、虚实对比、肢体动作、线条韵律及黑白处理等方法，制造一个趣味中心点，让视频画面更加吸引观众，突出主体。

6. 框式构图

框式构图也叫框架式构图、窗式构图或隧道构图。框式构图的特征是借助某个框式图形来取景，而这个框式图形，可以是规则的，也可以是不规则的，可以是方形的，也可以是圆的，甚至是多边形的。

框式构图的重点，是利用主体周边的物体构成一个边框，起到突出主体的效果。框式构图主要是通过门窗框等作为前景形成框架，透过门窗框把观众的视线引导至被摄对象上，使得视频画面的层次感得到增强，同时具有更多的趣味性，呈现不一样的画面效果。

在小红书社区，框式构图被更多地用于探店、旅行等室外拍摄的视频笔记中。

7. 三分线构图和九宫格构图

三分线构图是指将画面从横向或纵向分为三部分，在拍摄视频时，将对象或焦点放在三分线的某一位置上进行构图取景，让对象更加突出，画面更加美观。

九宫格构图又叫井字形构图，是三分线构图的综合运用形式，是指用横竖各两条直线将画面等分为九个空间，不仅可以让画面更加符合人眼的视觉习惯，还能突出主体、均衡画面。

采用三分线构图拍摄视频最大的优点就是，将主体放在偏离画面中心的三分之一位置处，可以使画面不至于太枯燥或呆板，还能突出视频的拍摄主题，使画面更加紧凑有力。

要学好构图，需要注意两点：一要观察拍摄对象的数量、特征和亮点；二要掌握多种构图技法，拍摄时找到最匹配对象的构图方式。

三分线构图的拍摄方法十分简单，只需要将视频拍摄主体放置在拍摄画面的横向或者竖向三分之一处即可，如图7.9所示。

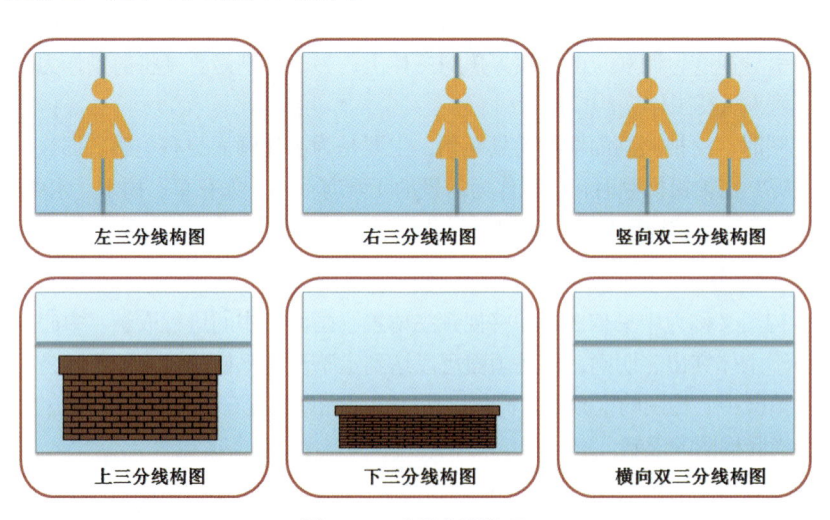

图7.9 三分线构图技巧

使用九宫格构图，不仅可以将主体放在四个交叉点上，也可以将其放在九个空间格内，可以使主体非常自然地成为画面的视觉中心，如图 7.10 所示。

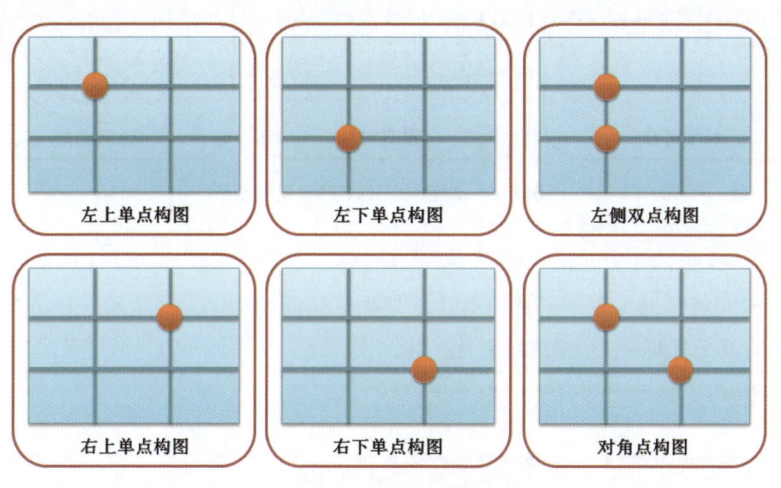

图 7.10　九宫格构图技巧

8. 引导线构图

引导线可以是直线，也可以是斜线、对角线或者曲线，通过这些线条来"引导"观众的目光注意力，激发他们的观看兴趣。

引导线构图能够引导观众视线至画面主体，丰富画面的结构层次，具有极强的纵深效果，展现出景深和立体感，创造出深度的透视感，还能帮助观众探索整个场景。

下面将详细介绍引导线构图的 5 种类型。

（1）水平线构图。水平线构图是以一条水平的直线来进行构图取景，给人带来辽阔和平静的视觉感受。

（2）对角线构图。对角线构图是比斜线构图更规范的一种构图形式，强调对角成一条直线，它可以使画面更具有方向感，赋予画面动感、活泼的视觉效果。

（3）斜线构图。斜线构图主要利用画面中的斜线来引导观众的目光，同时能够展现物体的运动、变化及透视规律，可以让视频画面更有活力和节奏感。

（4）曲线构图。曲线构图的线条弯曲而圆润，适合表现自身富有曲线美的景物，可以很好地表达被摄对象的韵律及具有的魅力形态。

（5）透视线构图。透视线构图指视频画面中的某一条线或某几条线，有"近大远小"的透视规律，使视线沿着视频画面中的线条汇聚成一点，汇聚观众的视线，使画面更具有动感和深远意味。

9. 对称构图

对称构图是指画面中心有一条线把画面分为对称的两份，可以是上下对称画面，也可以是左右对称画面，或者是围绕一个中心点实现画面的径向对称，这种对称画面会给人一种平衡、稳定与和谐的视觉感受。生活中有很多以不同形式存在的对称画面，图 7.11 是一些在短视频中常用的对称构图类型。

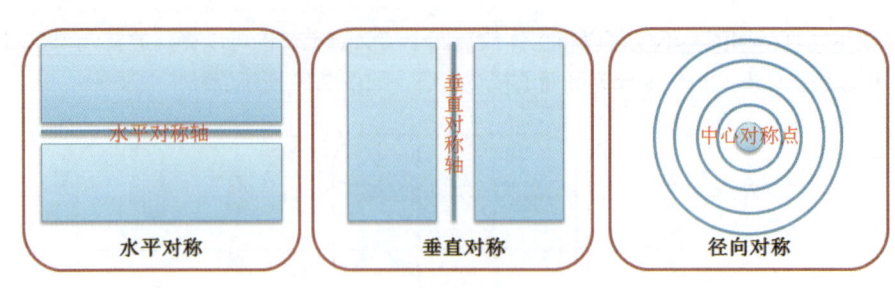

图7.11 对称构图的3种常见类型

10. 对比构图

对比构图就是通过不同形式的对比，来强化画面的构图，产生不一样的视觉效果。对比构图的意义有两点：一是通过对比产生区别，来强化主体；二是通过对比来衬托主体，起辅助作用。

> ▶ 专家提醒
>
> 需要注意，小红书社区的视频笔记除了在室外拍摄的视频外，其他视频，如开箱、测评、美妆教程等视频笔记的构图类型大多使用中心构图，将博主及其产品置于视频正中，并让观众的目光聚焦在拍摄主体上。

7.1.4 镜头角度

在使用运镜手法拍摄视频前，用户首先要掌握各种镜头角度，如平角、斜角、俯角和仰角等，熟悉角度后能够让拍摄者在运镜时更加得心应手。

平角镜头即镜头与拍摄主体保持水平方向的一致，镜头光轴与对象（中心点）齐高，能够更客观地展现主体的原貌。斜角镜头即在拍摄时将镜头倾斜一定的角度，从而产生透视变形的画面失调感，能够让画面显得更加立体。图7.12所示为平角镜头和斜角镜头的操作技巧。

图7.12 平角镜头和斜角镜头的操作技巧

俯角镜头即采用高机位俯视的拍摄角度，可以让拍摄对象看上去更加弱小，适合拍摄建筑、街景、人物、风光、美食或花卉等视频题材，能够充分展示主体的全貌。仰角镜头即采用低机位仰视的拍摄角度，能够让拍摄对象显得更加高大，同时可以让视频画面更有代入感。图7.13所示为俯角镜头和仰角镜头的操作技巧。

图7.13 俯角镜头和仰角镜头的操作技巧

7.1.5 运镜技巧

运镜是视频拍摄中需要掌握的一项十分重要的技巧，学会运镜方式，能使拍摄者拍出来的视频有更多变化，使小红书账号实现轻松涨粉。

1. 推拉运镜

推拉运镜是拍摄视频时最为常见的运镜方式，通俗来说就是一种"放大画面"或"缩小画面"的表现形式，可以用来强调拍摄场景的整体或局部以及彼此的关系。

推镜头是指将镜头从较大的景别推向较小的景别，如从远景推至近景，从而突出拍摄者要表达的细节，让观众注意到。

拉镜头的运镜方向与推镜头正好相反，先采用特写或近景等景别，将镜头靠近主体拍摄，然后再向远处逐渐拉出，拍摄远景画面。一般而言，拉镜头的运镜方式经常被用于剧情类视频的结尾，以及强调主体所在的环境，可以更好地渲染视频的画面气氛。

2. 横移运镜

横移运镜是指拍摄时镜头按照一定的水平方向移动，跟推拉运镜向前后方向运动的不同之处在于，横移运镜是将镜头向左右方向运动。横移运镜通常用于视频中的情节，如人物在沿直线方向走动时，镜头也跟着横向移动，不仅可以更好地展现出空间关系，还能够扩大画面的空间感。横移运镜的操作技巧如图7.14所示。

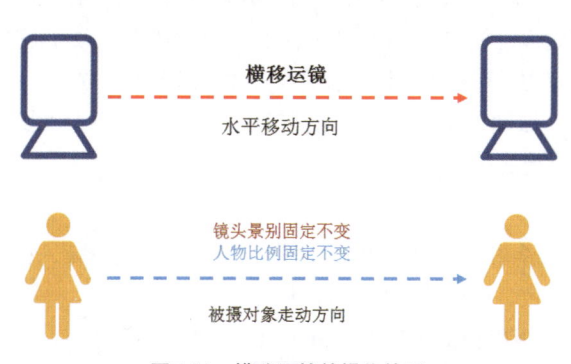

图7.14 横移运镜的操作技巧

3. 摇移运镜

摇移运镜主要是通过灵活变动拍摄角度，来充分展示主体所处的环境特征，可以让观众在观看视频笔记时能够产生身临其境的视觉体验感。摇移运镜是保持机位不变，然后朝着不同的方向转动镜头，镜头运动方向可分为左右摇动、上下摇动、斜方向摇动及旋转摇动。

摇移运镜就像是一个人站着不动，然后转动头部或身体，用眼睛观看身边的环境。拍摄者在使用摇移运镜手法拍摄视频时，可以借助手持稳定器，这样可以更加方便、稳定地调整镜头方向。

4. 甩动运镜

甩动运镜也称为极速切换运镜，通常用于两个镜头切换时的画面，在第一个镜头即将结束时，通过向另一个方向甩动镜头，来让镜头切换时的过渡画面产生强烈的模糊感，然后马上切换到另一个场景继续拍摄。

甩动运镜跟摇移运镜的操作技巧类似，只是速度比较快，用"甩"这个动作，而不是慢慢地摇动镜头。甩动运镜的操作技巧如图 7.15 所示。

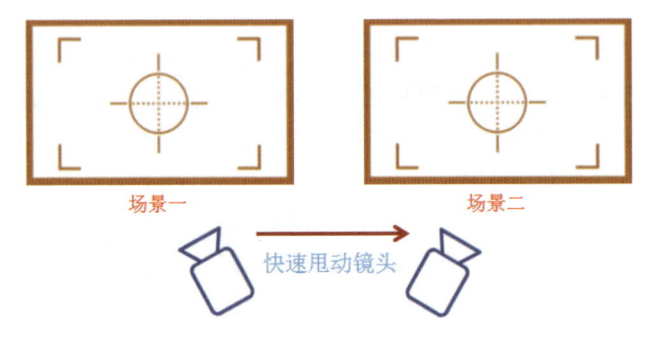

图 7.15 甩动运镜的操作技巧

甩动运镜可以营造出镜头跟随人物视线快速移动的画面场景，表现出一种急速的爆发力和冲击力，从而展现出事物在时间和空间变化的突然性，使观众产生紧迫感。

5. 跟随运镜

跟随运镜和横移运镜类似，只是在方向上更为灵活多变，拍摄时可以始终跟随人物前进，让主角一直处于镜头中，从而产生强烈的空间穿越感。跟随运镜适合拍摄人像类、旅行类、纪录片及宠物类等视频题材，能够很好地突出内容主题。

在小红书社区，跟随运镜通常被用来拍摄室外视频，让观众跟随博主的视角来观看视频，并产生身临其境之感。

6. 环绕运镜

环绕运镜即镜头绕着拍摄对象 360°环拍，操作难度比较大，在拍摄时旋转的半径和速度要基本保持一致。环绕运镜的操作示例如图 7.16 所示。

环绕运镜可以拍摄出拍摄对象周围 360°的环境和空间特点，同时还可以配合其他运镜方式，来增强画面的视觉冲击力。如果拍摄对象在拍摄时处于移动状态，则环绕运镜的操作难度会更大，拍摄者可以借助一些手持稳定器设备来稳定镜头，让旋转时的拍摄更为稳定。

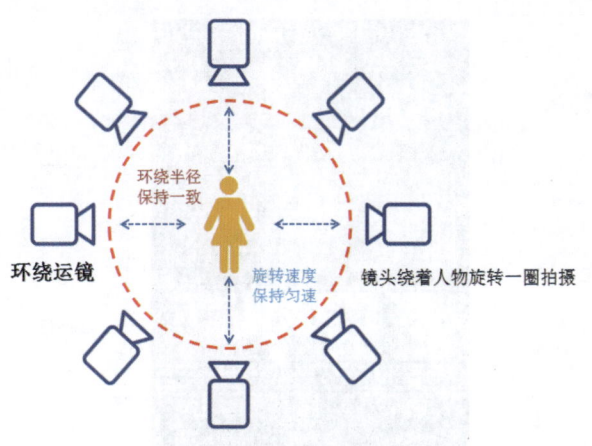

图7.16 环绕运镜的操作示例

7. 升降运镜

升降运镜是指镜头的机位朝上下方向运动,从不同方向的视点来拍摄场景。升降运镜适合拍摄气势宏伟的建筑物、高大的树木、雄伟壮观的高山及展示人物的局部细节。升降运镜(垂直升降)的操作技巧如图 7.17 所示。

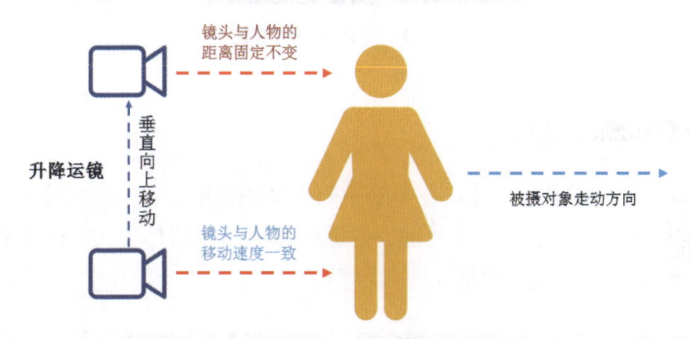

图7.17 升降运镜(垂直升降)的操作技巧

使用升降运镜拍摄视频时,需要注意以下事项。

(1)拍摄时可以切换不同的角度和方位来移动镜头,如垂直上下移动、上下弧线移动、上下斜向移动及不规则的升降方向。

(2)在画面中可以纳入一些前景元素,从而体现出空间的纵深感,让观众感觉主体对象更加高大。

7.2 小红书视频的后期处理

在小红书中,内容的输出主要靠视频、图片,因此学会视频后期处理,就像是给人化妆一样,能让视频变得更为精美,从而吸引更多用户的关注。运营者可以利用剪映手机版,方便快捷地处理视频。剪映手机版界面如图 7.18 所示。

图7.18 剪映手机版界面

7.2.1 分割和删除视频

【效果展示】：在剪映中剪辑视频之前，首先要将素材导入软件中，然后对其进行分割处理，并删除多余的视频片段，这也是十分简单的视频剪辑方式，效果如图7.19所示。

图7.19 效果图片展示

下面介绍在剪映手机版中分割和删除视频的具体操作方法。

步骤 01 打开剪映手机版，进入"剪辑"界面，点击"开始创作"按钮，如图7.20所示。

步骤 02 进入"照片视频"界面，❶ 选择视频素材；❷ 勾选"高清"复选框；❸ 点击"添加"按钮，如图7.21所示，添加视频。

步骤 03 执行操作后，即可将视频素材导入剪映中，❶ 拖曳时间轴至视频7s的位置；❷ 选择视频素材，如图7.22所示。

148

图7.20　点击"开始创作"按钮　　图7.21　点击"添加"按钮　　图7.22　选择视频素材

步骤 04 ❶点击"分割"按钮，分割素材；❷点击"删除"按钮，如图7.23所示，删除多余的素材。

步骤 05 执行操作后，即可完成剪辑操作，如图7.24所示，可以看到剪辑后的视频时长变短了，从原来的14s变成了7s。

图7.23　点击"删除"按钮　　　　图7.24　完成剪辑操作

149

这是剪映中比较简单的剪辑操作，通过视频剪辑，小红书视频笔记的创作者或账号的运营者可以使自己的视频笔记更加简练，用户可以更轻易地抓住视频笔记的重心，避免冗余信息影响观看体验。

7.2.2 添加背景音乐

【效果展示】：在剪映手机版中，可以添加适合的背景音乐，让视频不再单调，视频效果如图 7.25 所示。

图 7.25 效果展示

下面介绍在剪映手机版中为视频添加背景音乐的具体操作方法。

步骤 01 在剪映手机版中导入一段视频，点击"音频"按钮，如图 7.26 所示。

步骤 02 在弹出的二级工具栏中，点击"音乐"按钮，如图 7.27 所示。

图 7.26 点击"音频"按钮　　图 7.27 点击"音乐"按钮

步骤 03 进入"音乐"界面，❶ 在"收藏"选项卡中，选择相应的音乐进行试听；❷ 点击右侧的"使用"按钮，如图 7.28 所示，添加音频。

步骤 04 音频添加成功后，❶选择音频素材；❷在视频素材的末尾位置点击"分割"按钮，分割音频；❸点击"删除"按钮，如图7.29所示，删除多余的音频素材。

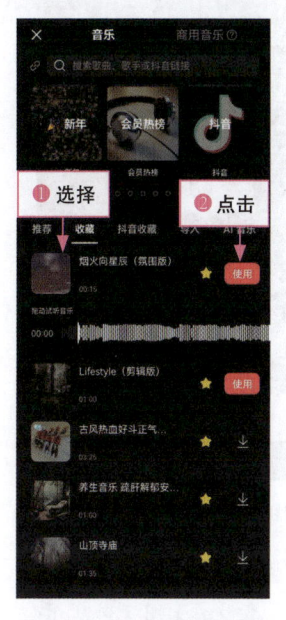

图7.28 点击"使用"按钮　　　图7.29 点击"删除"按钮

7.2.3 添加转场效果

【效果展示】：转场效果是两段视频素材之间的切换特效，能让视频之间的切换更加顺滑。运营者可以利用剪映，轻松实现视频的特效转场，效果如图7.30所示。

图7.30 效果展示

下面介绍在剪映手机版中添加转场效果的具体操作方法。

步骤 01 在剪映手机版中导入两段视频，点击两段素材之间的 | 按钮，如图7.31所示。

步骤 02 弹出相应面板，❶切换至"叠化"选项卡；❷选择"叠化"转场；❸点击✓按钮，如图7.32所示，确认操作。

图7.31 点击相应按钮（1） 图7.32 点击相应按钮（2）

步骤 03 在一级工具栏中，点击"音频"按钮，如图7.33所示。

步骤 04 在弹出的二级工具栏中，点击"提取音乐"按钮，如图7.34所示。

图7.33 点击"音频"按钮 图7.34 点击"提取音乐"按钮

步骤 05 进入"照片视频"界面，❶选择视频素材；❷点击"仅导入视频的声音"按钮，如图7.35所示，提取背景音乐。

步骤 06 操作完成后，点击"导出"按钮，如图7.36所示，导出视频。

图7.35 点击相应按钮（3） 　　图7.36 点击"导出"按钮

7.2.4 调节参数为画面调色

【效果对比】：如果视频画面光线不够明亮，色彩不够鲜艳，或者有过度曝光等问题，可以通过调节相应的参数，为画面进行调色，原图与效果图对比如图7.37所示。

（a）原图　　　　　　　　　　（b）效果图

图7.37 原图与效果图对比

下面介绍在剪映手机版中通过调节参数为画面调色的具体操作方法。

步骤 01 在剪映手机版中导入视频，❶选择视频；❷点击"调节"按钮，如图7.38所示。

步骤 02 进入"调节"选项卡，设置"亮度"参数为8，让视频画面变得明亮一些，如图7.39所示。

步骤 03 设置"对比度"参数为8，增强明暗对比度，如图7.40所示。

步骤 04 设置"饱和度"参数为10，让画面色彩变得鲜艳一些，如图7.41所示。

153

图7.38 点击"调节"按钮　　　图7.39 设置"亮度"参数　　　图7.40 设置"对比度"参数

步骤 05 设置"色温"参数为12，让画面偏暖色，如图7.42所示。

步骤 06 ❶设置"色调"参数为12，让画面偏紫；❷点击✓按钮，确认操作；❸点击"导出"按钮，如图7.43所示，即可导出视频。

图7.41 设置"饱和度"参数　　　图7.42 设置"色温"参数　　　图7.43 点击"导出"按钮

154

7.2.5 添加文字模板

【效果展示】：在剪映中，文字模板的样式非常丰富，添加也非常便捷，可以节约设计文字样式的时间，提升剪辑效率，效果展示如图7.44所示。

图7.44 效果展示

下面介绍在剪映手机版中添加文字模板的具体操作方法。

步骤 01 在剪映手机版中导入一段视频，点击"文本"按钮，如图7.45所示。

步骤 02 在弹出的二级工具栏中，点击"新建文本"按钮，如图7.46所示。

图7.45 点击"文本"按钮　　　图7.46 点击"新建文本"按钮

步骤 03 弹出相应的面板，在文本框中输入文本内容，如图7.47所示。

步骤 04 ❶切换至"文字模板"选项卡；❷选择合适的模板，如图7.48所示。

步骤 05 ❶调整文本的位置和大小；❷点击 ✓ 按钮，如图7.49所示，确认操作。

步骤 06 调整文本的时长，使其对齐视频的时长，如图7.50所示。

图7.47 输入文本内容

图7.48 选择合适的模板

图7.49 点击相应按钮

图7.50 调整文本的时长

7.3 使用可灵AI生成小红书短视频

在可灵AI中，运营者可以使用"文生视频"或"图生视频"功能来完成AI短视频的生成。例如，可以使用可灵AI生成可爱的动物视频和老照片动态视频，本节将介绍相关的创作技巧。图 7.51 所示为可灵 AI 手机版界面。

图 7.51 可灵 AI 手机版界面

7.3.1 文本生成视频

【效果展示】：运营者在使用可灵 AI 的"文生视频"功能时，可以使用文本信息快速生成视频。运营者需要在提示词中写清楚视频主体和对应的风格、场景，以便 AI 生成对应的视频内容，效果如图 7.52 所示。

图 7.52 效果展示

157

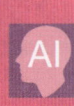

下面介绍使用可灵 AI 的"文生视频"功能的具体操作方法。

步骤 01 打开可灵 AI 手机版，进入首页，点击"AI 视频"按钮，如图 7.53 所示。

步骤 02 进入相应界面，点击"文生视频"按钮，如图 7.54 所示。

步骤 03 进入"文生视频"界面，在"创意描述"下方的输入框中，❶输入提示词；❷根据需求可以设置生成模式为"高品质"；❸点击"立即生成"按钮，如图 7.55 所示，生成视频。

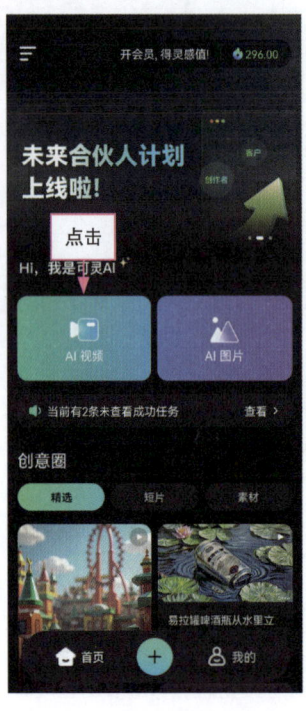

图 7.53 点击"AI 视频"按钮　　图 7.54 点击"文生视频"按钮　　图 7.55 点击"立即生成"按钮

▶ 专家提醒

　　运营者在使用可灵 AI 生成视频时，可以通过切换生成模式来控制视频生成的时长，其中"标准"模式生成的速度更快；而"高品质"模式生成的质量更好。

步骤 04 执行操作后，弹出进度提示，如图 7.56 所示。

步骤 05 之后，即可生成对应的视频，点击 ⬇ 按钮，如图 7.57 所示，下载视频。

步骤 06 弹出相应面板，选择"有水印下载"选项，如图 7.58 所示，即可将视频保存至本地相册中。

图7.56　弹出进度提示 　　图7.57　点击相应按钮 　　图7.58　选择"有水印下载"选项

7.3.2　图片生成视频

【效果展示】：借助可灵 AI 的"图生视频"功能，运营者只需上传图片，即可将上传的图片作为素材，生成一条 AI 视频，效果如图 7.59 所示。

图7.59　效果展示

下面介绍使用可灵 AI 的"图生视频"功能的具体操作方法。

步骤 01 打开可灵 AI 手机版，进入首页，点击"AI 视频"按钮，如图 7.60 所示。

步骤 02 进入相应界面，在"图生视频"选项卡中，点击"上传图片"下方的 按钮，如图 7.61 所示。

步骤 03 弹出相应的面板，选择"相册选择"选项，如图 7.62 所示。

步骤 04 进入"选择图片"界面，在其中选择相应的图片，如图 7.63 所示。

159

图7.60 点击"AI视频"按钮　　图7.61 点击相应按钮（1）　　图7.62 选择"相册选择"选项

步骤 05 执行操作后，图片上传成功，❶在输入框中输入提示词；❷设置"想象力"数值为0.9；❸点击"立即生成"按钮，如图7.64所示。

步骤 06 之后，即可生成相应的视频，点击⬇按钮，如图7.65所示，下载视频。

图7.63 选择相应的图片　　图7.64 点击"立即生成"按钮　　图7.65 点击相应按钮（2）

160

7.4 使用剪映生成小红书短视频

在剪映中，运营者可以借助"一键成片"功能和"图文成片"功能来完成 AI 短视频的创作，本节将介绍相关的视频生成技巧。

7.4.1 文本生成视频

【效果展示】：通过剪映的"图文成片"功能，用户只需输入简短的文字，系统就会为文字自动匹配视频、图片、音频和文字素材，在短时间内快速生成一个完整的短视频，效果如图 7.66 所示。

图 7.66 效果展示

下面介绍在剪映手机版中使用智能匹配素材功能生成视频的具体操作方法。

步骤 01 打开剪映手机版，进入"剪辑"界面，点击"AI 图文成片"按钮，如图 7.67 所示。
步骤 02 进入"AI 图文成片"界面，点击"图文成片"按钮，如图 7.68 所示。
步骤 03 进入"图文成片"界面，点击"自由编辑文案"按钮，如图 7.69 所示。

图 7.67 点击"AI 图文成片"按钮　　图 7.68 点击"图文成片"按钮　　图 7.69 点击"自由编辑文案"按钮

161

步骤 04 进入相应界面，❶输入文案；❷点击"应用"按钮，如图7.70所示。

步骤 05 弹出"请选择成片方式"面板，选择"智能匹配素材"选项，如图7.71所示。

步骤 06 之后，即可生成一段视频，点击"导出"按钮，如图7.72所示，导出视频。

图7.70 点击"应用"按钮　　图7.71 选择"智能匹配素材"选项　　图7.72 点击"导出"按钮

7.4.2 图片生成视频

扫码看效果　扫码看视频

【效果展示】：在使用剪映的"一键成片"功能时，运营者需要提前准备好素材，并按照顺序将素材导入剪映中，系统库提供了丰富的模板，运营者可以自行选择喜欢的模板生成视频，效果如图7.73所示。

图7.73 效果展示

下面介绍在剪映手机版中用图片生成视频的具体操作方法。

步骤 01 打开剪映手机版，进入"剪辑"界面，点击"一键成片"按钮，如图 7.74 所示。

步骤 02 ❶在"照片视频"的"照片"选项卡中依次选择 4 张人像照片；❷点击"下一步"按钮，如图 7.75 所示。

图 7.74 点击"一键成片"按钮　　　　图 7.75 点击"下一步"按钮

步骤 03 弹出相应的面板，❶选择喜欢的模板，预览效果；❷点击"导出"按钮，如图 7.76 所示。

步骤 04 弹出"导出设置"面板，点击 按钮，如图 7.77 所示，把视频保存到本地相册中。

图 7.76 点击"导出"按钮　　　　图 7.77 点击相应按钮

163

本章小结

本章首先介绍了小红书视频的拍摄技巧，主要从拍摄工具、视频画面、构图选择、镜头角度及运镜技巧等方面入手；然后介绍了小红书视频的后期处理，包括分割和删除视频、添加背景音乐、添加转场效果、调节参数为画面调色及添加文字模板等操作方法；最后通过实际案例探讨了使用可灵 AI 和剪映生成小红书短视频的方法，包括文本生成视频和图片生成视频。

课后实训

鉴于本章知识的重要性，为了帮助读者更好地掌握所学内容，本节将通过课后实训，帮助读者进行简单的知识回顾和补充。

实训任务：请运用剪映的"一键成片"功能生成一个视频，效果如图 7.78 所示。

图 7.78　效果展示

下面介绍在剪映手机版中用图片生成视频的具体操作方法。

步骤 01 打开剪映手机版，进入"剪辑"界面，点击"一键成片"按钮，如图 7.79 所示。

步骤 02 ❶ 在"照片视频"的"照片"选项卡中依次选择 4 张人像照片；❷ 点击"下一步"按钮，如图 7.80 所示。

步骤 03 弹出相应的面板，❶ 选择喜欢的模板，预览效果；❷ 点击"导出"按钮，如图 7.81 所示。

图7.79 点击"一键成片"按钮　　图7.80 点击"下一步"按钮　　图7.81 点击"导出"按钮

第 8 章

小红书的营销推广

　　小红书作为分享型平台,其主要特点是去中心化,强调真实的经验分享。这其实也是一种隐性的营销种草方式,且这种方式往往能达到更好的效果。而AIGC能够智能分析用户兴趣,精准推送内容,从而助力运营者实现更高效、更个性化的营销推广。本章介绍小红书的推广优势、推广方式和3个种草营销技巧,并使用AIGC技术助力小红书营销推广,提高转化率。

8.1 小红书的推广优势

在当今竞争激烈的市场中,品牌推广的有效性往往决定了品牌能否在众多竞争者中脱颖而出,小红书为品牌提供了一个展示自我、与目标用户建立联系的独特平台。在介绍小红书推广策略之前,先来了解小红书推广的五大优势。

8.1.1 智能分析

在进行推广前,一般都会对用户群体进行分析,描绘目标群体的画像,才能更好地进行推广。

小红书有着自主打造的智能大数据分析系统,能够实时追踪和记录用户在小红书上的浏览、点击、互动等行为,通过深度挖掘这些数据,运营者可以了解用户的兴趣偏好、消费习惯和潜在需求。

基于用户画像和用户行为分析,运营者可以更加精准地定位目标用户群体,制定符合其喜好的推广策略,并挖掘种草领域。

AI技术能够分析小红书平台的热门话题、关键词搜索量、内容互动情况等数据,预测未来的市场趋势和热门话题。运营者可以根据这些预测结果,及时调整推广内容,紧跟市场潮流,提高内容的吸引力和曝光率。

另外,AI还能够帮助运营者进行竞品分析,了解竞争对手的推广策略、用户反馈和市场表现等信息。通过竞品分析,运营者可以找出自身的优势和不足,优化推广策略,提升市场竞争力。

8.1.2 精准投放

在小红书平台中,系统会根据明星和博主的粉丝量、点赞、评论等数据进行判断、分析、筛选,为品牌方选择最优秀的、真实的推广用户,帮助品牌方精准投放,达到推广效益的最大化。

一般而言,品牌方在小红书中进行投放,应严格按照金字塔的模式投放,如图8.1所示。这里将金字塔的模式分为4部分,头部KOL和腰部KOL合并为一部分。

第1部分是明星,主要的形式是通过明星发布测评和日常的好物分享,这种方式一般成本高,但见效快且收益高。

第2部分是KOL,KOL分为头部KOL和腰部KOL,一般而言,头部KOL可以投放总比例的5%左右;腰部KOL可以适当

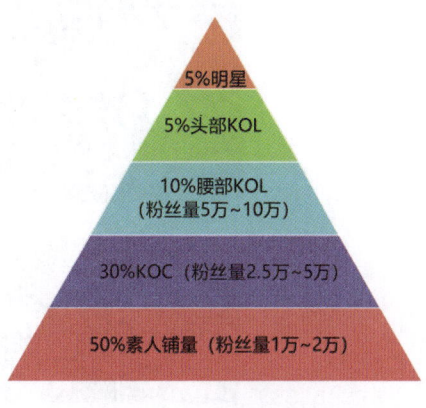

图8.1 金字塔模式

多投放一些，按 10% 的比例进行投放，主要形式可以是测评、晒单，用来提升品牌的曝光量。图 8.2 所示为头部 KOL 的测评笔记，图 8.3 所示为腰部 KOL 的测评笔记。

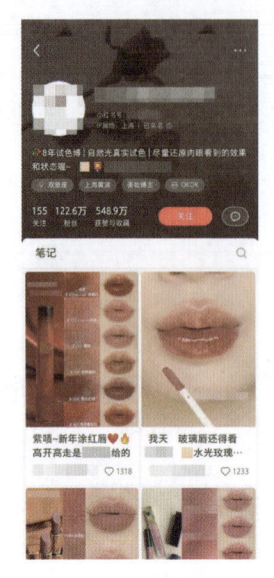

图 8.2　头部 KOL 的测评笔记 　　　　图 8.3　腰部 KOL 的测评笔记

第 3 部分是 KOC（Key Opinion Consumer，关键意见消费者），这一类是属于粉丝数量相对较少的 KOL，可以进行比例为 30% 的投放。这类博主虽然没有第 2 部分的 KOL 影响力大，但是在垂直用户中有一定的影响力，并且其带货能力也是相对较强的。

第 4 部分是素人，素人笔记通常用来铺量，如图 8.4 所示，目的是提高曝光量，可以通过用关键词铺设，这部分投放比例为 50%。

图 8.4　素人笔记

8.1.3 品质输出

不同种类的产品在运营时会有很大的差异,这也影响了运营者在种草时的决策。品牌方可以先了解平台内容推荐机制,深入研究相关种类的推广案例,然后根据品类特性,输出高质量的内容,从而提升小红书推广笔记的推荐效果和曝光量。

品类特性不同在小红书进行推广时会有不同的效果,品类特性好的产品推广效果更好,如刚需的产品与非刚需的产品相比,刚需的产品往往推广效果更好。图8.5所示为品类特性在小红书推广中的体现。

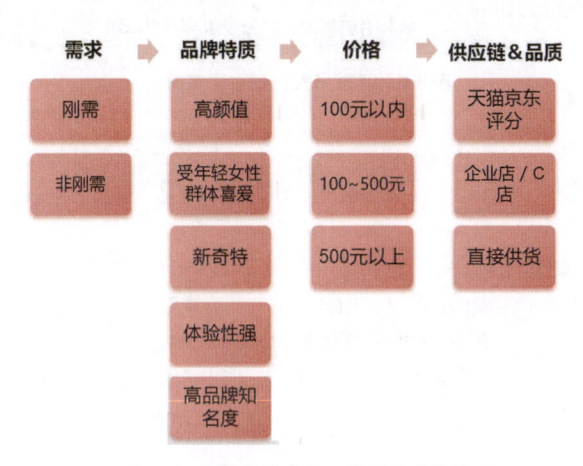

需求	品牌特质	价格	供应链&品质
刚需	高颜值	100元以内	天猫京东评分
非刚需	受年轻女性群体喜爱	100~500元	企业店/C店
	新奇特	500元以上	直接供货
	体验性强		
	高品牌知名度		

图8.5 品类特性在小红书推广中的体现

8.1.4 突破圈层

8.1.2小节讲述了金字塔种草运营策略,通过这个策略,再针对不同特征的用户给予不同的方案,进而吸引更多的明星和博主,进行二次推广。此外,将后续的营销资源进行合理分配,并利用产品的关键词加入其他渠道的方式,如淘宝、抖音、快手等,突破圈层,通过多平台为产品持续推广,从而实现产品的转化。

8.1.5 团队协作

在推广时,拥有一个专业团队往往能够更加精准地了解用户的需求,因此一个专业的推广策划团队和高级编辑团队非常重要。一方面可以帮助品牌方对产品的推广文案进行优化,另一方面可以通过在笔记中穿插产品推荐等方式,从而优化营销资源的分配。

需要注意,小红书正在快速发展中,平台的传播渠道也变多了。对于品牌方来说,这是一次机遇也是一次挑战。在传播渠道扩大的情况下,如何在众多的品牌方中脱颖而出,是在挑战中制胜的关键。

图8.6所示为小红书推广的主要策略,专业团队可以从这4个方面着手在小红书上进行有效地推广。

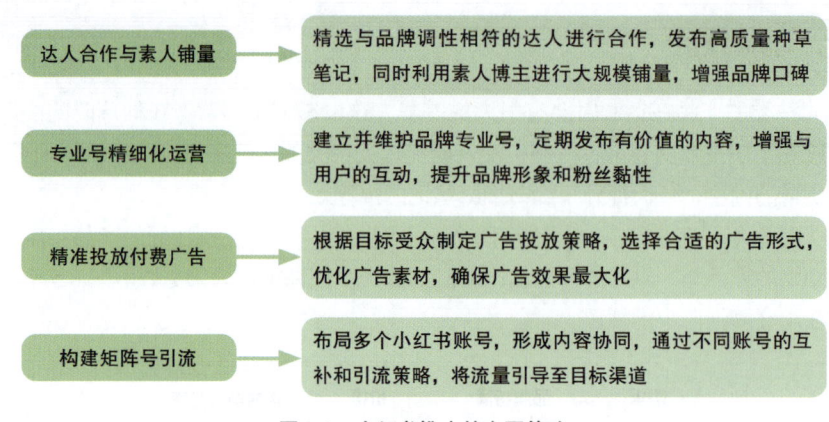

达人合作与素人铺量	精选与品牌调性相符的达人进行合作，发布高质量种草笔记，同时利用素人博主进行大规模铺量，增强品牌口碑
专业号精细化运营	建立并维护品牌专业号，定期发布有价值的内容，增强与用户的互动，提升品牌形象和粉丝黏性
精准投放付费广告	根据目标受众制定广告投放策略，选择合适的广告形式，优化广告素材，确保广告效果最大化
构建矩阵号引流	布局多个小红书账号，形成内容协同，通过不同账号的互补和引流策略，将流量引导至目标渠道

图8.6　小红书推广的主要策略

8.2　小红书的推广方式

目前，小红书的推广方式主要有官方和非官方两种方式，官方方式包括广告投放等方式，非官方方式主要包括素人笔记、KOL推广、明星笔记、笔记排名优化等方式。不管是官方还是非官方方式，都能帮助运营者很好地推广产品。

除了以上两种方式，还存在着其他的推广方式，如批量私信、点赞等，但是这些方式一般受平台的限制较多，或是对技术要求比较高，一般不推荐采用。

8.2.1　素人笔记

素人笔记是指粉丝数量不够多、没有粉丝基础的运营者发布相关的种草笔记，这种方式适用于各种品牌方以及商家在运营初期时使用，作为获取流量的基石。

1. 素人笔记的作用

对于小红书用户来说，笔记是谁写的不是他们关注的重点，他们关注的是写了什么。而且，一些用户觉得素人笔记更加的真实，因此他们会更加相信素人发的笔记，而那些粉丝量多的运营者，或多或少会接一些广告，真实性相对而言就不是很高。

另外，素人笔记是一种性价比很高的推广方式，通过素人大量、定期地发布笔记，进而占领搜索的前列，这样也就提高了曝光率和官方推送的概率。

一般而言，大的商家或者品牌方会比较喜欢用素人笔记这种方式进行推广，这种方式的作用主要有两种，一种是背书，另一种是获得流量，如图8.7所示。

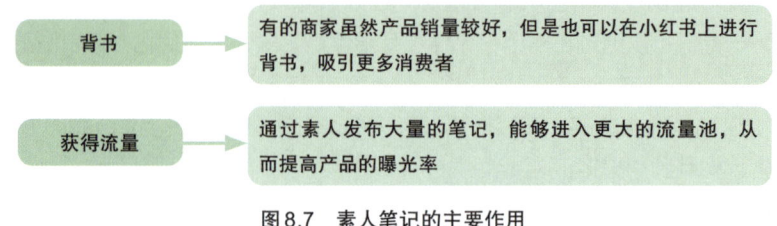

背书	有的商家虽然产品销量较好，但是也可以在小红书上进行背书，吸引更多消费者
获得流量	通过素人发布大量的笔记，能够进入更大的流量池，从而提高产品的曝光率

图8.7　素人笔记的主要作用

2. 素人笔记的优缺点

素人笔记主要用来铺量，让用户能够尽可能多地看到产品，加深用户的印象，所以素人笔记没有太多的写作技巧，只要将产品的性能、体验情况讲清楚便可以了。一般而言，素人笔记的字数不要超过 300 字，且每天的投放量最好是在 30 篇内。

但是，这种方式直接促成交易的不多，因为素人毕竟没有影响力，用户对于素人还是持有一定的怀疑态度。因此，素人笔记可以不带商品链接，只要写清楚产品的好处、体验感即可。

8.2.2 KOL 推广

KOL 在特定领域是拥有专业知识、高影响力的人，他们能够被粉丝所信任，且能够影响粉丝的购买行为。一般而言，KOL 通常是某个行业或领域的专业人士，例如皮肤科医生等。

不管什么平台和行业，对于 KOL 的要求都相对要高。在美妆行业，要求 KOL 一方面要有专业度，了解美妆的专业知识、能够用通俗易懂的方式详细地讲解测评产品等；另一方面则要具有一定的人格魅力。

KOL 推广方式主要通过有粉丝基础且有着专业知识的运营者来发布种草笔记，品牌方和有搜索承接平台的商家都可以使用这种方式。

传统营销方式通过激发消费者的购买需求，促使消费者主动收集相关的产品信息并了解它们的评价情况，才会决定是否购买。而 KOL 推广会让粉丝跳过信息搜集和评估，直接决定购买。与素人笔记相比，KOL 笔记的作用也是背书和获得流量，但是两者还是有很大的区别，如图 8.8 所示。

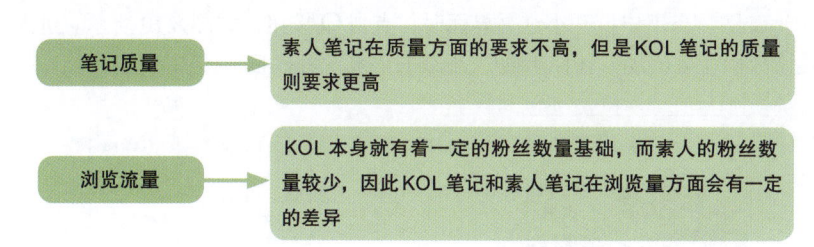

笔记质量	素人笔记在质量方面的要求不高，但是KOL笔记的质量则要求更高
浏览流量	KOL本身就有着一定的粉丝数量基础，而素人的粉丝数量较少，因此KOL笔记和素人笔记在浏览量方面会有一定的差异

图 8.8 KOL 笔记与素人笔记的区别

KOL 推广具体介绍如下。

1. KOL 的特征

KOL 在某个领域或行业有着一定的影响力，具有一定的公信力。一般而言，其判定标准主要有三点：一是专业知识，二是持续内容输出，三是兴趣与天赋。KOL 的主要特征包括以下三个方面，如图 8.9 所示。

2. KOL 推广流程

品牌方或者电商平台将商品给予 KOL，KOL 便对商品进行市场推广，并将推广的数据、流量反馈给品牌方或电商平台，品牌方或电商平台给予 KOL 一定的服务费、广告费等。

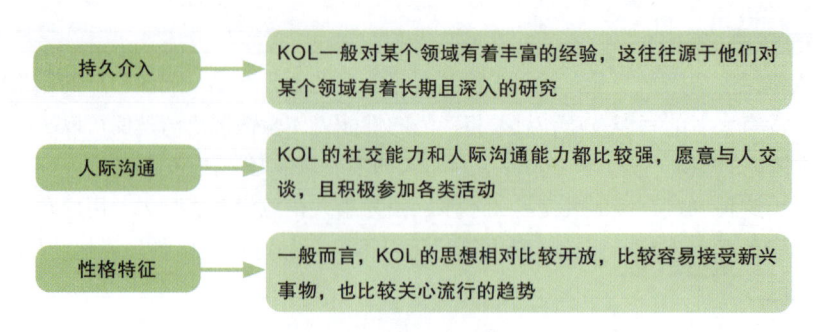

持久介入	→	KOL一般对某个领域有着丰富的经验，这往往源于他们对某个领域有着长期且深入的研究
人际沟通	→	KOL的社交能力和人际沟通能力都比较强，愿意与人交谈，且积极参加各类活动
性格特征	→	一般而言，KOL的思想相对比较开放，比较容易接受新兴事物，也比较关心流行的趋势

图8.9　KOL的主要特征

KOL在小红书上发布与商品有关的笔记后，与粉丝进行互动，并将从粉丝处得到的对商品的反馈，再反馈给品牌方或电商平台。

3. KOL推广技巧

下面具体介绍KOL推广技巧，主要包括埋伏法、细分法和追踪法3种。

（1）埋伏法。埋伏法是提前布局，这种方法是按照一定的规律推测热点，主要取决于运营者对热点的敏感度。

例如，在节假日前几天提前创作一些关于节假日的相关笔记，等到节假日到来时，就可以发布。哪怕运营者发布的笔记质量不是最好的，笔记的点赞量、阅读量、收藏量的数据也不会太差。

（2）细分法。顾名思义，就是在一个大的热门领域中找到一个小众的领域。例如，在小红书中，出国旅游一直是比较热门的话题，但是当运营者发布相关内容时，就会被大量出国旅游的笔记所淹没。这时，运营者就可以选择细分法，在出国旅游中找到比较冷门的国家，或是小众的景点等来分享。

（3）追踪法。当用户打开小红书界面时，点击🔍按钮，如图8.10所示。进入搜索界面后，搜索界面就会出现"猜你想搜""小红书热点"等栏目，如图8.11所示。

图8.10　点击"搜索"按钮　　　　图8.11　搜索界面

但是，这些搜索出来的关键词仅代表当前这些关键词的热度，这些热搜是通过人工、系统的双重干预形成的，运营者所看到的只是当前官方所默认的推荐情况，也就代表着看到的这些只是当前用户喜欢看的内容。因此，运营者需要经常关注关键词的热度变化情况，结合这些词条和它们的热度变化情况来创作和调整内容。

4. KOL 推广建议

目前，小红书上也有许多 KOL，针对 KOL 推广，提出以下 4 点建议，如图 8.12 所示。

```
                  ┌─ 迎合用户真实心理需求
                  │
                  ├─ 结合 KOL 特点，定制营销内容
  KOL 推广建议 ──┤
                  ├─ 依据目标受众社交平台的浏览习惯，合理安排传播时间
                  │
                  └─ 实时监控 KOL 表现和社交舆情，及时调整推广内容和策略
```

图 8.12　对 KOL 推广的建议

8.2.3　笔记排名优化

笔记排名优化，顾名思义，就是将笔记进行优化，使其在搜索时排名更靠前，这类方式虽然流量有限，但是比较精准，适合个体微商、线下商家、品牌方、平台商家等。

在小红书中，用户大都是通过搜索关键词来搜索相关笔记，笔记内容也是围绕关键词展开的，搜索这类关键词的用户一般都是对其有着消费意向的用户。所以，通过优化笔记排名，在用户搜索关键词时能够在首页看到运营者的笔记，那么笔记的曝光度就大大提升了。运营者可以通过以下 4 个方面来对笔记进行优化，如图 8.13 所示。

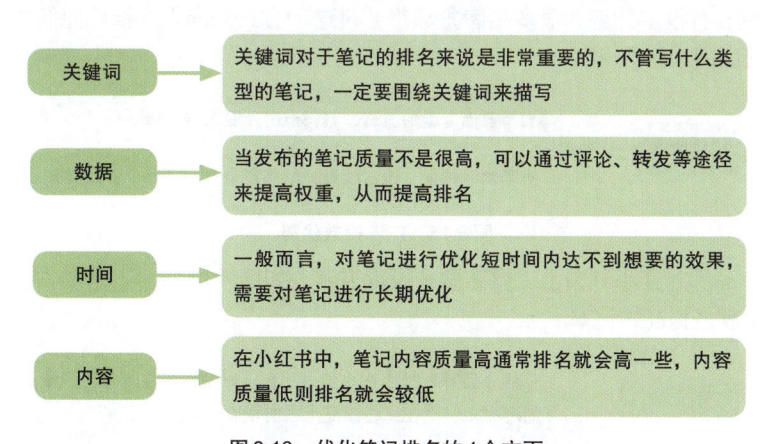

关键词	关键词对于笔记的排名来说是非常重要的，不管写什么类型的笔记，一定要围绕关键词来描写
数据	当发布的笔记质量不是很高，可以通过评论、转发等途径来提高权重，从而提高排名
时间	一般而言，对笔记进行优化短时间内达不到想要的效果，需要对笔记进行长期优化
内容	在小红书中，笔记内容质量高通常排名就会高一些，内容质量低则排名就会较低

图 8.13　优化笔记排名的 4 个方面

需要注意，小红书平台对于新发布的笔记会有流量倾斜。在一个关键词笔记排名中，新发布的笔记往往会有权重加成，因此新发布的笔记排名相对较高。

8.2.4 广告投放

广告投放是根据广告主题和广告内容在相应的平台上以文字、图片或者视频的形式精准地推广给用户。广告投放的媒介有很多种，如报纸、电视、纸质刊物等，不同的媒介有着不同的特征，品牌方可以根据产品的情况进行选择，甚至进行多方投放。

广告投放也是小红书推广的一种形式。下面具体介绍广告投放的原则和小红书广告投放的分类。

1. 广告投放原则

一些企业为了能够达到推广最大化的效果，喜欢多管齐下，不管什么渠道、媒介都去尝试，如电视、报纸、互联网等，但是并不是投放的广告越多，收到的效益就越好。

广告投放最重要的是要达到推广的效果，让用户了解并产生购买的欲望。广告投放，具有以下几个原则，如图8.14所示。

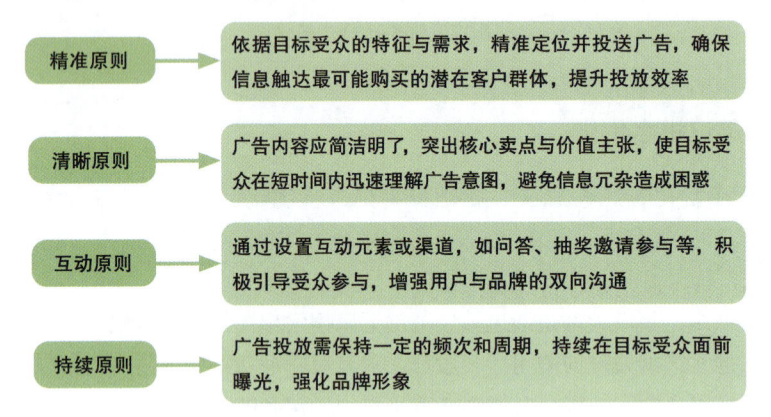

精准原则：依据目标受众的特征与需求，精准定位并投送广告，确保信息触达最可能购买的潜在客户群体，提升投放效率

清晰原则：广告内容应简洁明了，突出核心卖点与价值主张，使目标受众在短时间内迅速理解广告意图，避免信息冗杂造成困惑

互动原则：通过设置互动元素或渠道，如问答、抽奖邀请参与等，积极引导受众参与，增强用户与品牌的双向沟通

持续原则：广告投放需保持一定的频次和周期，持续在目标受众面前曝光，强化品牌形象

图8.14 广告投放原则

广告投放有很多优势，很多品牌方都想通过这种方式来向大众推广他们的产品，广告投放优势如图8.15所示。

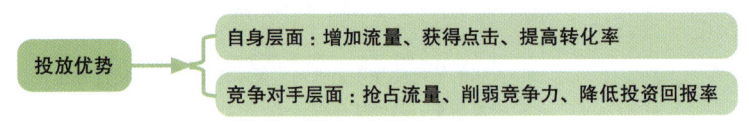

投放优势：
- 自身层面：增加流量、获得点击、提高转化率
- 竞争对手层面：抢占流量、削弱竞争力、降低投资回报率

图8.15 广告投放优势

目前，品牌方在小红书上主要有两种投放需求，如图8.16所示，一是为了增加曝光率，另一个就是提高转化率。

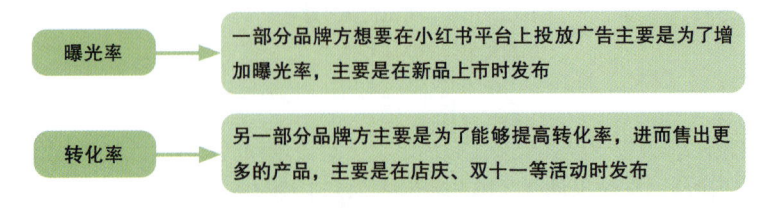

曝光率：一部分品牌方想要在小红书平台上投放广告主要是为了增加曝光率，主要是在新品上市时发布

转化率：另一部分品牌方主要是为了能够提高转化率，进而售出更多的产品，主要是在店庆、双十一等活动时发布

图8.16 品牌方在小红书上的两种投放需求

按照不同的投放需求,广告投放的形式和考核指标也有所不同,以曝光率为重点的广告投放形式主要是以信息流笔记和搜索笔记为主,而以转化率为重点的广告投放形式则是以 H5(HTML5,超文本标记语言)和商品卡为主,如图 8.17 所示。

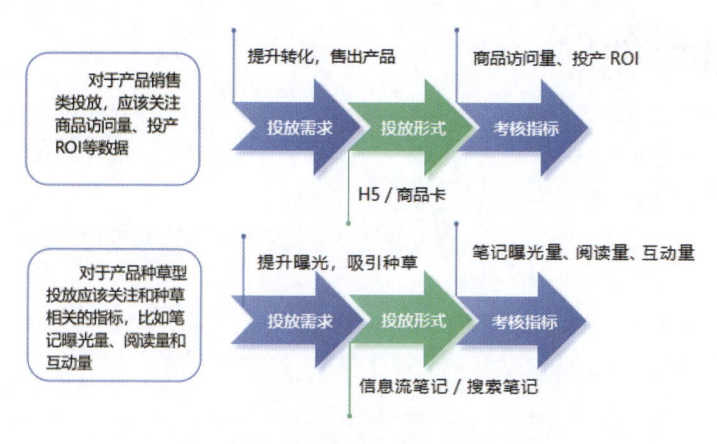

图 8.17 不同投放需求的不同形式和考核指标

> **▶ 专家提醒**
>
> 投资回报率(Return On Investment,ROI),是一个衡量投资收益与成本之比的指标。

2. 小红书广告投放分类

小红书广告投放主要分为两类:一类是商业广告,以开屏广告为主;另一类是竞价广告。下面具体介绍这两类广告。

(1)商业广告。商业广告主要是开屏广告,这种广告价格相对较高。

(2)竞价广告。在小红书中竞价广告主要分为两种:一是搜索广告,顾名思义,搜索广告通常是与用户的搜索有关,广告系统会根据用户的搜索去识别分析有价值的关键词;二是信息流广告,这类广告的主要形式通常是图片、图文、视频等,最大的优势在于算法技术领先、定向精准、用户体验好,通过技术在平台中精准投放,因此无论是曝光率还是转化率都能得到提升。

8.2.5 品牌号营销

在小红书中,平台将原本的品牌账号进行了升级,变成了现在的品牌号,其主要目的是促进消费者与品牌方之间的交流,助力品牌方在小红书平台完成从种草到转化的消费闭环。

品牌方申请品牌号成功后,可以更改品牌号的界面,打造与自己品牌相符合的主页风格。此外,从品牌号还能够直接进入小红书品牌旗舰店中,帮助品牌方高效、迅速地完成交易。

这种方式适用于品牌方和商家,主要是为了背书和流量。一般来说,比较适合做背书的品牌主要是护肤类的产品等依赖长期使用效果的品牌,而主要适合做流量的品牌最好是饰品、彩妆类品牌等。

需要注意，品牌号的推广笔记无论内容质量的好坏，平台都会给予一定的推送，因为品牌号本身就是平台中默认的用于发广告笔记的账号。

8.2.6 品牌合作人

品牌合作人计划是小红书平台官方推出的一项推广方式，通过官方的品牌合作人平台进行推广营销。需要注意，品牌合作人现在已经全新升级，转变成了小红书蒲公英，这种方式适合于品牌方和商家。

小红书对品牌合作人进行了升级，在选择品牌合作人时要求变得更高，因此现在大部分品牌合作人的笔记内容都相对较为优质。

另外，品牌合作人大多都签有公司，因此价格相对较高，铺量是不现实的。品牌方可以有目的性地挑选几个影响力大的品牌合作人，针对性投放。

8.3 小红书的3个种草营销技巧

本节将介绍小红书的3个种草营销技巧，帮助运营者多方式、多渠道进行引流推广，从而实现带货变现。

8.3.1 小红书文章种草

小红书文章种草，即通过在小红书平台发布具有吸引力的内容，引导用户对产品或服务产生兴趣并产生购买欲望的营销方式。小红书文章种草的类型多种多样，下面是一些常见的类型。

（1）明星带货类：以明星为核心，通过他们分享产品和使用感受的形式进行产品营销。明星的影响力是这类笔记的关键，其内容优质程度并不直接影响传播结果。利用明星的知名度和粉丝基础，能快速吸引大量用户关注，提升产品的曝光度和销售量。

（2）产品分析类：将行业知识与用户需求相结合，深入剖析产品的用途、使用时的注意事项等，如图8.18所示。这类内容注重产品的深度解析和实用性，为用户提供详尽的产品信息，帮助他们做出更明智的购买决策，增强用户对产品的信任感。

（3）种草体验类：以买家秀的形式进行，站在用户的角度，真实传递产品的使用经验和感受，明确描述使用场景，它通过生动的描述和真实的体验分享，刺激用户的购买欲望，提高转化率。

（4）科普类：由专家或达人撰写，注重专业性和权威性，内容言简意赅，避免长篇大论，以适应现代人碎片化的阅读习惯，它为用户提供专业、准确的产品知识，增强用户对产品的信任感和认同感。

（5）故事植入类：运营者通过讲述一个与产品相关的故事或场景，将产品自然地融入其中，引发用户的情感共鸣。利用故事的情感力量，加深用户对产品的印象和好感度，提高传播效果。

图 8.18　小红书产品分析类文章种草笔记

（6）新闻类与教育类：新闻类主要涉及时下热门的新闻事件和社会话题，具有时效性和话题性，容易引发用户互动和传播；而教育类提供实用的知识和技能，帮助用户解决问题和提高自己，具有较高的用户黏性。

（7）合集类：包括"不花冤枉钱"合集、"平价替代品"合集、"变废为宝"合集、"亲民分享"合集、"一物多用"合集、"源头好物"合集和"高颜值"合集等，图 8.19 所示为"变废为宝"合集文章种草笔记。

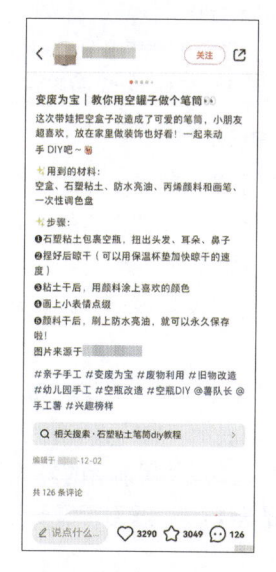

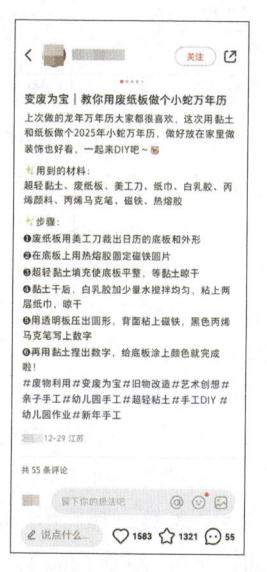

图 8.19　"变废为宝"合集文章种草笔记

177

这类内容通常集合了多个相关产品或主题，为用户提供全面的购物参考，满足用户多样化的需求，提供丰富的购物选择，提高用户的购物满意度和忠诚度。

8.3.2 小红书图片种草

小红书图片种草是一种通过高质量图片吸引用户注意力，并激发其购买欲望或兴趣的营销方式。小红书图片种草的类型介绍如下。

（1）单图种草：使用一张高质量的图片作为主要内容展示，这张图片需要具有高度的吸引力和"颜值"，如图8.20所示，能够抓住用户的注意力，并激发其兴趣，其主要适用于产品特点鲜明、外观设计精美或需要突出某一特定卖点的商品。

图8.20 小红书单图种草笔记

（2）拼图种草：通过多张图片的拼接来展示产品的多个方面或不同使用场景，拼图设计需要体现出一种丰富的感觉，让用户产生点击并阅读内容的冲动，其主要适用于需要展示产品多个细节、功能或使用效果的产品，如美妆产品等。

（3）图文结合种草：在图片上添加简洁明了的文字说明，以更好地传达产品信息或使用体验，如图8.21所示。

文字说明需要尽量体现标题关键词，同时保持与图片的和谐统一，广泛应用于各种类型的产品，通过图文结合的方式可以更全面地展示产品特点和使用效果。

（4）对比种草：通过对比不同产品、不同效果或使用前后的差异来突出产品的优势。对比图片需要清晰明了，能够直观展示产品的差异点，适用于需要强调产品效果、性价比或优势的产品，如护肤品、减肥产品等。

图 8.21　小红书图文结合种草笔记

8.3.3　小红书视频种草

小红书视频种草是一种在小红书平台上，通过制作和分享视频内容来推荐、分享产品或服务，从而引发用户兴趣和购买欲望的营销方式。小红书视频种草的类型介绍如下。

（1）产品展示类：直接对产品进行 360 度无死角的展示，包括外观、颜色、材质等细节，主要展示产品的特色功能或设计亮点，突出其独特性和优势。

（2）使用教程类：详细介绍产品的使用方法、步骤和技巧，帮助用户更好地了解和使用产品，可以是化妆教程、穿搭指南、家居用品使用技巧等，如图 8.22 所示，结合实际操作演示。

图 8.22　使用教程类视频种草笔记

（3）效果对比类：通过对比产品使用前后的效果，展示产品的实际效果和变化，常见于美妆、护肤、减肥等领域，如使用面膜前后的肌肤状态对比。

（4）开箱评测类：记录用户收到产品后的开箱过程，第一时间分享感受和评价，其主要强调产品的包装、赠品、初步使用感受等，增强用户对产品的好奇心和期待感。

（5）情景剧/剧情类：通过构建特定的使用场景或故事情节来展示产品，将产品融入日常生活或特定情境中，这种方式富有创意和趣味性，能够吸引用户的注意力并留下深刻印象。

（6）KOL/网红推荐类：邀请知名KOL或网红进行产品推荐，利用其影响力和粉丝基础吸引更多关注。KOL会分享使用体验、心得和推荐理由，增强产品的可信度和吸引力。

（7）评测对比类：将多个同类产品进行评测对比，分析各自的优缺点和适用场景，为用户提供全面的购买参考，增加用户对产品的了解和信任。

8.4 使用AIGC助力小红书营销推广

随着AIGC技术的快速发展，运营者可以借助其强大的分析与创作能力，实现更加精准和高效的账号定位。从市场分析到商品定位，AIGC能够为小红书账号提供全面的数据支持与智能化的优化方案。

本节以秘塔AI搜索为例，探讨使用AIGC分析产品优势、制定营销方案、制定广告投放策略等方面的技巧，帮助运营者提升营销推广能力。

秘塔AI搜索是上海秘塔网络科技有限公司开发的一款人工智能搜索引擎，它运用先进的AI技术对海量信息进行快速筛选和分析，并整合出清晰、简洁的结果供用户参考，能够为用户提供更加精准、高效的搜索体验。其页面如图8.23所示。

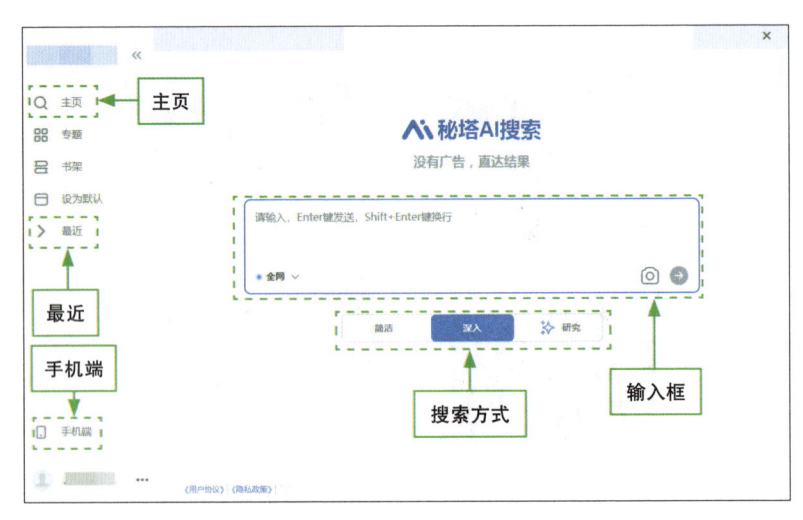

图8.23　秘塔AI搜索页面

8.4.1 使用AIGC分析产品优势

了解产品的优势有助于品牌方更精准地定位目标市场和消费群体。在营销推广中，品牌方可以根据产品优势制定针对性的营销策略，如选择合适的传播渠道、设计吸引人的广告文案等。这种精准营销不仅能够提高营销效果，还能降低营销成本，实现更高效的市场推广。

下面以秘塔AI搜索为例，介绍具体的操作方法。

步骤 01 在浏览器中输入秘塔AI搜索的官方网址，打开官方网站，在输入框中输入相应的提示词，如图8.24所示。

图8.24 输入相应的提示词

步骤 02 单击 ➡ 按钮，将提示词发送给秘塔AI搜索，其即可根据提示词要求生成相关的内容，相关提示词及回复内容如下。

提示词

假如我是一名小红书的美妆博主，现在打算推荐一款遮瑕产品，请帮我分析该产品的优势，500字左右。

秘塔AI搜索

以下是对一款遮瑕产品的优势分析，以××遮瑕液为例：
××遮瑕液优势分析
一、遮瑕力出色
××遮瑕液的遮瑕效果非常显著，能够轻松遮盖痘印、斑点等瑕疵。只需少量产品，就能将痘印完美遮住，为肌肤打造出无瑕的妆效，满足了用户对遮瑕产品的核心需求。
二、质地轻薄
该遮瑕液质地水润轻薄，上脸后不会给人一种厚重的妆感，也不会让肌肤有紧绷或不

181

透气的感觉。它能够很好地贴合肌肤，与底妆自然融合，让妆容看起来更加轻薄自然，适合追求自然妆感的用户使用。

三、持久不脱妆

××遮瑕液具有良好的持久性，上妆后能够长时间保持遮瑕效果，不易脱妆。这对于需要长时间保持完美妆容的用户来说非常重要，省去了频繁补妆的麻烦，尤其适合上班族或需要长时间外出的用户。

四、性价比高

作为一款平价遮瑕液，××遮瑕液的价格亲民，但品质却不逊色于一些高端品牌。用户可以用较低的价格享受到优质的遮瑕体验，性价比极高，对于预算有限的学生或刚步入职场的年轻女性来说，是一个非常不错的选择。

五、适用范围广

……

8.4.2　使用AIGC制定营销方案

使用 AIGC 制定营销方案，品牌方可以构建一个高度个性化、数据驱动且创意无限的策略，以精准触达目标受众并激发其深度互动与购买意愿。

具体而言，首先通过 AIGC 分析海量市场数据，包括消费者行为、偏好趋势及竞争对手动态，为品牌定位与差异化策略提供坚实的数据支撑。随后，利用先进的自然语言处理技术，快速生成多样化、高质量的营销内容，确保内容能够紧密贴合目标群体的兴趣点与情感需求，实现内容与受众的完美匹配。

AIGC 制定的营销方案不仅体现了对未来趋势的敏锐洞察，更是对传统营销模式的一次革新与超越，相关案例如下。

提示词

假如我是一位穿搭博主，在分享穿搭技巧的同时想要运营一家小红书店铺，用来售卖成套的服装，请帮我制定一个营销方案，500字左右。

秘塔AI搜索

穿搭博主小红书店铺营销方案

一、目标定位

以 25～35 岁追求时尚、个性的女性为主要目标客户，借助穿搭分享的高人气，将流量转化为店铺销量，提升店铺知名度与销售额。

二、内容营销

1. 日常穿搭分享：每日发布一套精心搭配的日常穿搭，涵盖不同风格（如通勤风、休闲风、约会风等），在图片或视频中突出服装细节与搭配亮点，附上服装材质、版型等介绍，引导用户关注店铺同款。

2. 穿搭教程视频：制作穿搭教程视频，讲解如何根据身材、肤色选择服装，如何搭配配饰提升整体造型，视频中展示店铺服装的穿搭效果，增加用户对产品的认知度。

3. 穿搭灵感系列：定期推出穿搭灵感系列，如"一周穿搭计划""季节换装指南"，结合店铺新品，为用户提供一周或一季的穿搭方案，激发用户的购买欲望。

三、互动营销

1. 评论互动：积极回复用户在穿搭笔记下的评论，解答搭配疑问，鼓励用户分享穿搭心得，营造良好的互动氛围，增强用户黏性。

2. 穿搭挑战活动：发起穿搭挑战活动，如"我的店铺同款穿搭"，鼓励用户购买店铺服装后分享穿搭照片或视频，参与用户可获得店铺优惠券、小礼品等奖励，借助用户的力量扩大店铺影响力。

3. 直播互动：定期开展直播，展示店铺新品，进行穿搭示范，实时解答用户问题，设置直播专属优惠、抽奖环节，提高用户参与度与购买转化率。

……

8.4.3 使用AIGC制定广告投放策略

广告投放策略的主要作用是精准定位目标受众，通过选择合适的广告渠道、制定吸引人的广告内容和优化投放时机，有效提升品牌知名度、激发消费者兴趣并促使其购买，从而实现营销目标最大化，同时控制广告成本，提高投资回报率。

AIGC融合了先进的人工智能技术，能够高效处理和分析海量的市场数据、消费者行为模式、广告效果反馈，从而实现对目标受众的精准洞察与细分。通过机器学习算法，AIGC能够识别并预测消费者的兴趣偏好、购买意向及实时需求，进而智能生成高度个性化的广告创意与内容，确保广告信息能够精准触达最具潜力的受众群体，相关案例如下。

提示词

我运营了一个原创汉服分享类的小红书账号，为了扩大品牌曝光度，请帮我生成一份合理的广告投放策略。

秘塔AI搜索

针对您运营的原创汉服分享类小红书账号，以下是一份旨在提高品牌曝光度的广告投放策略。

一、明确广告目标

品牌认知：提高品牌在汉服爱好者及潜在用户中的知名度。

粉丝增长：吸引更多关注汉服文化的用户成为您的账号粉丝。

内容互动：增加用户对您发布的汉服分享内容的点赞、评论和分享。

二、受众定位

兴趣偏好：关注汉服、古风、传统文化、时尚穿搭等话题的用户。

年龄性别：以18~35岁的女性用户为主，同时也不忽视对汉服感兴趣的男性用户。

地域分布：重点投放于汉服文化较为流行的地区，如江浙沪、川渝、北上广等地。

三、广告内容策划

创意构思：

制作高质量的汉服穿搭视频或图文，展示汉服的独特魅力和搭配技巧。

结合节假日或传统文化节日，推出主题性的汉服分享内容。

邀请汉服 KOL 或明星进行合作，提升内容的吸引力和权威性。

文案撰写：

突出汉服的文化底蕴和时尚元素，用精炼的文字吸引用户注意。

强调原创性和独特性，提升品牌形象。

……

本章小结

本章首先介绍了小红书的推广优势，包括智能分析、精准投放、品质输出等；然后介绍了小红书的推广方式，包括素人笔记、KOL 推广、明星笔记等方式；接着介绍了小红书的 3 个种草营销技巧，包括文章种草、图片种草和视频种草；最后介绍了使用 AIGC 助力小红书营销推广，包括分析产品优势、制定营销方案和广告投放策略。

课后实训

鉴于本章知识的重要性，为了帮助读者更好地掌握所学内容，本节将通过课后实训，帮助读者进行简单的知识回顾和补充。

实训任务：使用 AIGC 为一名智能手表测评博主制定一个营销方案，相关案例如下。

提示词

假如我是一名智能手表测评类的博主，现在 A 品牌想要与我合作，推广 A 品牌智能手表，请为我生成一个营销方案。

秘塔AI搜索

针对您作为智能手表分享类博主与 A 品牌智能手表的合作，以下是一个详细的营销方案，旨在通过您的专业视角和影响力，有效提升 A 品牌智能手表的市场认知度和销售量。

一、合作背景与目标

背景：您作为智能手表领域的知名博主，拥有庞大的粉丝基础和丰富的行业知识。A 品牌智能手表以其独特的功能设计、高品质的用户体验，在市场中寻求进一步扩大影响力。

目标：通过您的推广，提升 A 品牌智能手表的品牌知名度，吸引潜在用户关注并购买，同时增强现有用户的品牌忠诚度。

二、产品亮点提炼

创新功能：突出A品牌智能手表的健康监测（如心率、血氧、睡眠）、运动追踪、智能提醒（来电、信息、社交应用通知）等特色功能。

设计美学：强调其时尚外观、舒适佩戴感及多种表带选择，满足不同场合和个性需求。

续航能力：介绍其超长待机时间，减少频繁充电的烦恼。

生态系统：提及与手机、智能家居等设备的无缝连接，提升生活便利性。

三、内容策划与发布

开箱评测：制作一段详细的开箱视频或图文评测，全面展示手表的包装设计、外观细节、佩戴感受及各项功能演示。

使用场景展示：通过日常佩戴、运动健身、工作学习等场景，展示A品牌智能手表在实际应用中的便捷性和实用性。

……

小红书的直播带货

第 9 章

  随着互联网技术的飞速发展,直播已成为最具活力和潜力的传播形式之一。从品牌推广到个人影响力的塑造,直播不仅改变了信息传播的方式,也为营销创造了前所未有的机会。AI 直播技术的引入,更是为直播领域带来了革命性的变化。本章将深入探讨小红书的直播模式和直播带货的技巧,同时引入 AIGC 技术的创新应用,提升直播带货的效果和运营效率。

9.1 小红书的直播模式

在众多社交媒体中，小红书以其独特的社区氛围和用户基础，成为品牌方和运营者展示产品、分享生活、建立信任的重要平台。与其他平台相比，小红书直播起步比较晚，对于直播的开放是循序渐进的。在最初，小红书针对特定的 KOL 进行内测，而后才全线开放。

本节重点介绍小红书直播的基本概况、小红书带货与其他平台的区别和直播带货的注意事项等。

9.1.1 小红书直播的基本概况

小红书直播带货是近年来兴起的一种电商模式，它充分利用了小红书的社交属性和内容创作能力，将产品推广与用户互动紧密结合。下面是对小红书带货的详细概述，帮助运营者了解小红书带货模式。

1. 基本情况

小红书以"标记我的生活"为口号，聚集了大量年轻、追求品质生活的用户，尤其是"90后""95后"女性用户占比较高。其平台内容丰富多样，涵盖时尚、美妆、生活方式等多个领域，形成了独特的社区氛围和用户黏性。

基于此平台特性，小红书带货主要通过 KOL、KOC 和普通用户的真实分享和推荐来实现。运营者或品牌方可以与 KOL 或 KOC 合作，通过他们发布的产品体验笔记或直播带货来引导用户购买产品。KOL 或 KOC 发布的产品体验笔记如图 9.1 所示。

图 9.1 KOL 或 KOC 发布的产品体验笔记

小红书已经为全员开通了直播权限，小红书用户只要进行了实名认证便可以进行直播。下面介绍开启小红书直播的具体操作方法。

步骤01 用户进入小红书首页，点击下方的 + 按钮，如图9.2所示。

步骤02 执行操作后，进入创作界面，❶点击下方的"直播"按钮，进入"直播"界面；❷点击"开始直播"按钮，如图9.3所示，就可以开启直播了。

图9.2 点击相应按钮　　　　图9.3 点击"开始直播"按钮

2. 直播功能

小红书虽然开通直播比较晚，但是直播的相关功能却比较齐全。直播开始前，主播可以提前设置心愿礼物，设置当场直播想要收到的直播礼物和数量。此外，主播还可以提前设置好直播公告和屏蔽词，这样观众便可以提前了解直播的主题和内容。

进入直播间后，可以看到直播间粉丝团功能、商品列表、PK、发红包、抽奖、直播连线功能、小纸条功能等。小红书还有一个特殊功能，那便是小纸条的功能。开启小纸条功能后，观众可以对主播进行提问，主播可以选择问题进行回答。

3. 核心要素

小红书带货的核心要素包括优质内容、精准定位、信任建立及社群互动4个方面，下面是对它们的详细阐述。

（1）优质内容：内容是小红书带货的核心，高质量的内容能够吸引用户的关注，提升用户的购买意愿。因此，运营者发布的内容应具有原创性、实用性和趣味性，能够触动用户的情感和需求。另外，图文结合、视频展示等多样化的内容形式也有助于提升用户的阅读体验和激发购买兴趣。

（2）精准定位：小红书用户群体具有明确的消费偏好。因此，在带货过程中需要精准定位目标用户群体。通过分析用户数据和行为习惯，运营者可以了解用户的需求和喜好，从而制定更加精准的营销策略和推广方案。

（3）信任建立：信任是用户购买行为的重要前提。在小红书，KOL 和 KOC 的真实分享和推荐能够建立起用户对产品的信任感。运营者需要注重产品质量和服务体验，确保用户购买后能够获得满意的购物体验。同时，积极回应用户的反馈和投诉也能够增强用户的信任感。

（4）社群互动：小红书的社群氛围浓厚，用户之间的互动频繁，运营者可以利用这一特点开展社群营销活动。通过建立品牌社群、组织线上线下活动等方式与用户建立更紧密的联系和互动关系，这不仅能够提升用户对品牌的认知度和忠诚度，还能够促进用户的口碑传播和购买行为。

4. 优势

相较于其他直播平台，小红书有哪些优势呢？小红书平台的具体优势如图 9.4 所示。

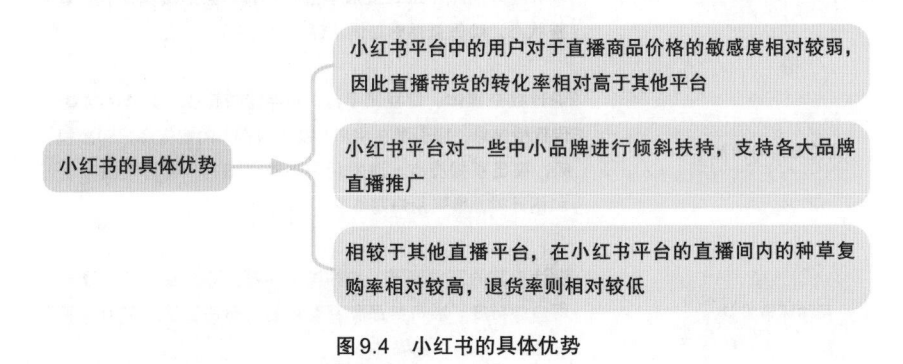

小红书的具体优势：
- 小红书平台中的用户对于直播商品价格的敏感度相对较弱，因此直播带货的转化率相对高于其他平台
- 小红书平台对一些中小品牌进行倾斜扶持，支持各大品牌直播推广
- 相较于其他直播平台，在小红书平台的直播间内的种草复购率相对较高，退货率则相对较低

图 9.4 小红书的具体优势

5. 特点

小红书直播具有以下两种特点，如图 9.5 所示。

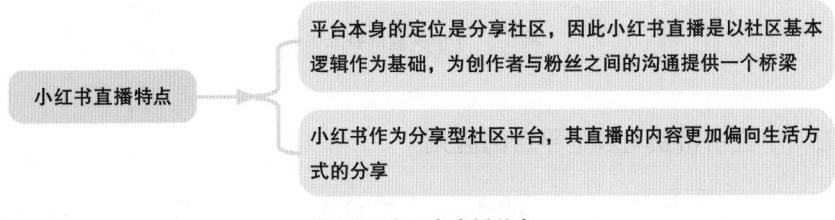

小红书直播特点：
- 平台本身的定位是分享社区，因此小红书直播是以社区基本逻辑作为基础，为创作者与粉丝之间的沟通提供一个桥梁
- 小红书作为分享型社区平台，其直播的内容更加偏向生活方式的分享

图 9.5 小红书直播特点

6. 准备工作

小红书直播带货所需的 7 个关键准备工作如图 9.6 所示。

通过以上准备工作的落实，小红书直播运营者可以更加从容地面对直播过程中的各种挑战，确保直播活动达到预期目标。

准备工作	说明
技术设备检查	确保直播所需的摄像头、麦克风、照明设备、网络连接等设备处于良好状态，避免技术故障影响直播效果。同时，熟悉直播软件的操作流程，确保直播过程中能够流畅切换画面、调整音量等
直播场景布置	根据直播主题和目标受众的喜好，精心设计直播场景。背景布置应简洁大方，突出主题，同时考虑光线、色彩搭配等因素，营造舒适的观看环境
内容与脚本编写	围绕直播主题，制定详细的内容策划方案，包括直播流程、互动环节、产品展示等。编写直播脚本，明确每个环节的时间节点和具体内容，确保直播过程条理清晰、节奏紧凑
主播培训与彩排	主播是直播的核心，其表现直接影响直播效果。因此，需要对主播进行专业培训，包括语言表达、肢体动作、产品知识等方面。在正式直播前进行彩排，熟悉直播流程，调整状态，确保直播时自信从容
宣传推广与预热	通过社交媒体、短视频平台、邮件营销等多种渠道提前宣传直播信息，吸引潜在用户。制作吸引人的宣传海报和短视频，突出直播亮点，激发用户兴趣。同时，设置直播预告和倒计时，增强用户期待感
互动环节设计	设计丰富的互动环节，如抽奖、问答、弹幕互动等，提高用户参与度。准备奖品和互动话题，确保互动环节有趣且有意义，增强用户黏性
应急预案制定	针对可能出现的突发情况，如技术故障、主播身体不适等，制定应急预案。确保在紧急情况下能够迅速应对，保障直播顺利进行

图9.6　7个关键准备工作

9.1.2　小红书带货与其他平台的区别

　　小红书主要分为两种直播形式：一种是互动直播，另外一种是电商直播。前者多用于学习、分享经验和聊天为主，后者主要用于直播带货，提升运营者的商业价值。全网直播平台众多，有相对专业的直播平台，如斗鱼、虎牙直播等；也有将直播作为辅助功能的平台，如淘宝、微博、拼多多等。那么小红书带货与其他平台有什么区别呢？下面是对它们之间区别的详细介绍。

　　在探讨小红书带货与其他平台的差异时，可以从用户群体与定位、内容形式与互动方式、商业化模式与变现方式，以及平台支持与资源4个方面进行剖析。

1. 用户群体与定位

不同的平台有不同的特性，其用户群体与定位也有所不同。下面将详细分析小红书、抖音和快手的用户群体与定位，方便运营者做出区分，更好地创作符合小红书平台特性的内容。

（1）小红书：用户群体以一二线城市、"90 后"及"Z 世代"女性为主，用户基数大且黏性高，购买力较强。因此，小红书精准定位年轻女性用户，主打美妆、时尚类消费品，形成了独特的"种草——拔草"消费模式。

（2）抖音：用户群体更为广泛，覆盖各年龄段，尤其在一二线城市年轻用户中占比高。抖音侧重于潮流类产品，用户追求时尚、酷炫，消费能力较强，但相较于小红书，其用户群体在美妆、时尚类消费品的专注度上可能稍逊一筹。

（3）快手：用户市场更为下沉，用户偏向追求高性价比、实用型商品的群体。快手电商发展较为成熟，用户基数大，但用户对产品的性价比和实用性要求更高。

2. 内容形式与互动方式

与抖音、快手以短视频为主的内容形式不同，小红书的内容形式以图文和短视频为主，图 9.7 所示为小红书图文笔记，图 9.8 所示为小红书短视频内容形式，它旨在强调高质量的内容输出，如教育型内容、情感共鸣、高质量视觉体验等，其内容注重传递品牌价值和生活方式，用户与 KOL/KOC 的互动性强，容易形成情感共鸣和信任感。

图 9.7　小红书图文笔记　　　图 9.8　小红书短视频内容形式

3. 商业化模式与变现方式

抖音的商业化模式以广告营销和电商变现为主，快手的电商变现以直播带货为中心，全面打通主流平台。而小红书与它们不同，通过搭建自有商城，实现了从种草到消费的商业生态闭环。用户可以在浏览笔记的同时直接购买商品，购买流程简便。

小红书还通过直播带货、话题挑战等创新方式提升带货效果，同时注重个人IP的打造，如主理人经济等。

> ▶ **专家提醒**
>
> 主理人经济是一种新兴的经济现象，代表了消费者对于个性化、独特性和价值观匹配的需求。具体来说，主理人经济是指以主理人为核心，围绕其个人价值观和生活方式，打造特定品牌和商业形态的经济活动。

4. 平台支持与资源

抖音通过完善的短视频和直播功能，为电商提供了全面的自有产品体系，并接入第三方平台缩短用户购物决策时间，其算法机制使得优质内容更容易获得曝光。

快手通过去中心化的"市场经济"模式，使得运营者与粉丝之间的黏性更高，还通过"快接单"等广告营销平台，为品牌和运营者提供订单接收和签约管理等服务。

与抖音和快手不同的是，小红书在平台支持与资源方面具有独特的优势。小红书平台为橱窗带货提供支持和资源，包括流量倾斜、曝光机会等，并且注重培养个人IP和主理人经济，为品牌方和运营者提供了更多的发展机会。

9.1.3 直播带货的注意事项

要想在小红书平台上成功带货，并非易事，需要运营者精准把握平台特性，综合考虑多方面的因素。下面介绍小红书直播带货的注意事项，帮助运营者更好地规划内容、吸引流量、提升转化率，从而在充满机遇与挑战的直播领域中脱颖而出。

（1）合规经营：运营者应确保直播内容符合小红书平台及相关法律法规，避免违禁、不当或欺诈行为，坚持诚信经营，维护良好的商业声誉。

（2）产品质量：精选优质的品牌产品，图9.9所示为品牌官方直播间示例。另外，在与供应商建立合作时，运营者要确认其授权及产品的真实性，保护消费者的合法权益。

（3）内容策划：提前规划直播内容，包括产品介绍、演示、推荐等环节，准备充分的素材和文案，确保内容具有价值，从而有效吸引并留住用户。

（4）专业知识与沟通：深入了解直播产品的特点，掌握市场需求，以便提供专业、及时的解答和建议。

（5）互动与回应：保持与用户的积极互动，及时回答他们的问题，消除疑虑；同时，还可以根据用户的个性化需求，提供针对性的推荐和服务。

（6）直播时间选择：选择用户活跃度较高的时间段进行直播，提高用户参与度和购买意愿；同时，还可以根据目标用户的偏好和行为习惯，灵活调整直播时间。

（7）持续优化与分析：对每次直播的效果进行深入分析和评估，关注用户的反馈和购买转化率，根据数据分析结果，不断优化直播策略，提升带货效果。

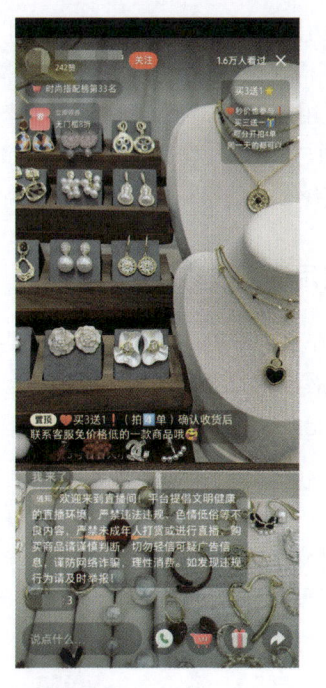

图 9.9　品牌官方直播间示例

9.2　小红书的直播带货艺术

在小红书带货，掌握促单技巧是每位运营者的必修课。本节将带领读者深入探索如何以精妙的语言魅力触动用户的心弦，分享在实战中积累的宝贵带货心得；全面解析促单的每一个细节，让运营者实现销售与口碑的双赢。

9.2.1　提升语言魅力

在小红书社交电商平台，语言不仅是传递信息的工具，更是连接运营者与用户的桥梁。提升语言魅力，意味着运营者能够用更加生动、引人入胜的方式讲述产品故事，增强带货的沟通力。下面介绍如何提升语言魅力，让带货之路更加顺畅，收获满满的信任与好评。

（1）精准定位目标用户：深入了解并分析目标用户群体，包括其兴趣、需求、购买习惯等，以便采用更贴近用户的话语体系进行沟通。

（2）生动描述产品特色：避免单调地罗列产品参数，而是用生动的语言描绘产品的独特之处，让用户仿佛能亲眼看到、亲手触摸到产品，从而增强代入感并激发购买欲望。

（3）建立情感连接：通过分享个人使用心得、讲述产品背后的故事等方式，与用户建立情感上的共鸣，让他们感受到购买产品不仅是交易，更是一种情感上的认同和满足。

（4）运用修辞手法：如比喻、拟人、排比等修辞手法，使语言更加生动有趣，增强表达效果，吸引用户的注意力并留下深刻印象。

（5）注意语气与语调：在小红书的直播带货中，语气的把握同样重要。亲切真诚的语气能够拉近用户距离，而过于生硬或夸张的表达则可能适得其反。

（6）互动与反馈：积极回应用户的评论和提问、与用户进行良好的互动，这既能增强用户的参与感，还能根据用户的反馈不断优化沟通策略，提升带货效果。

9.2.2 使用语言技巧

在直播带货的过程中，除了要把产品很好地展示给观众，最好还要掌握一些直播带货的语言技巧，这样才可以更好地进行产品的推销，提升主播自身的带货能力，从而让主播的商业价值得到增值。下面介绍几种直播带货常用的语言技巧。

1. 介绍法

介绍法是介于提示法和演示法之间的一种方法。主播在小红书直播间带货时，可以用一些生动形象和有画面感的话语来介绍产品，达到劝说观众购买产品的目的。图9.10所示为介绍法的3种操作方式。

介绍法的操作方式：
- 直接介绍法：直接介绍产品的主要功能和特点优势
- 间接介绍法：介绍和产品相关的其他事物
- 逻辑介绍法：利用逻辑推理话术来说服观众下单

图9.10 介绍法的3种操作方式

2. 赞美法

赞美法是一种常见的直播带货语言技巧，这是因为每个人都喜欢被人称赞，喜欢得到他人的赞美。在这种赞美的情境之下，被赞美的人很容易因为情绪高涨而感到愉悦，从而购买主播推荐的产品。主播可以将产品能够为观众带来的改变讲述出来，比如，告诉观众使用了产品后，会变得怎么样，通过赞美的语言让观众在想象中看到更好的自己，让观众对产品心生向往。

另外，"三明治赞美法"也是被人所推崇的一种表达方法，它的表达方式是：首先根据对方的表现来称赞优点；然后再提出希望对方改进之处；最后，重新肯定对方的整体表现。通俗的意思是：先褒奖，再讲实情，再讲好处。

3. 示范法

示范法也叫示范推销法，就是要求主播把要推销的产品，通过亲自试用给顾客进行展示，从而激发观众的购买欲望。由于直播带货的局限性，观众无法亲自试用产品，这时就可以让主播代替观众来使用产品，让观众更直观地了解到产品的使用效果。图9.11所示为示范法的操作思路。

```
示范法的操作思路 ─┬─ 在直播间灵活展示自己的产品，引起观众的兴趣
                └─ 演示和讲解直播产品，激发观众下单购买
```

图9.11 示范法的操作思路

4. 限时法

限时法是指主播直接告诉观众，本场直播在举行某项优惠活动，这个活动到哪天截止，在活动期间，观众能够得到的好处是什么。此外，主播还需要提醒观众，在活动结束后，再想购买，就要花费更多的钱。

9.2.3 营造带货氛围

在小红书平台，直播作为一种卖货的空间，主播要通过自己的言行在整个环境氛围中营造出紧张感，给观众带来时间压力，刺激观众在直播间下单。所以，主播在直播带货时必须时刻保持高昂的精神状态，将直播当成现场演出，这样观众也会更有沉浸感。下面介绍营造直播带货氛围的相关语言技巧，帮助主播更好地去引导观众下单。

1. 开场招呼

主播在开场时要记得跟观众打招呼，下面是一些常用的打招呼模板。

（1）"大家好，主播是新人，刚做直播不久，如果有哪些地方做得不够好，希望大家多包容，谢谢大家的支持。"

（2）"我是××，将在直播间给大家分享××，而且还会每天给大家带来不同的惊喜哟，感谢大家捧场！"

（3）"欢迎新进来的宝宝们，来到××的直播间，支持我就加个关注吧！"

（4）"欢迎××进入我们的直播间，××产品现在下单有巨大优惠哦，走过路过千万不要错过哟！"

2. 暖场互动

在小红书直播中，主播需要和观众进行你来我往的频繁互动，这样才能营造出更火热的直播氛围。因此，主播可以利用一些互动语言和话题，吸引观众深度参与到直播中来。图9.12所示为暖场互动语言的相关技巧。

3. 观众提问

许多观众之所以会对主播进行评论，主要就是因为他们对于产品或直播中的相关内容有问题。针对这一点，主播在策划直播脚本时，应尽可能地选择一些能够引起观众讨论的内容。这样做出来的直播自然会有观众感兴趣的点，而且观众参与提问的积极性也会更高一些。当观众对主播进行提问时，主播一定要积极做好回复，这不仅是态度问题，还是获取观众好感的一种有效手段。

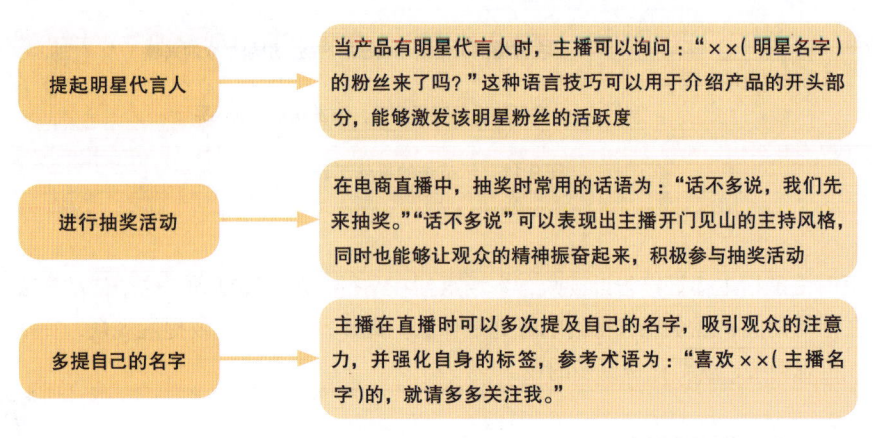

提起明星代言人	→	当产品有明星代言人时，主播可以询问："××（明星名字）的粉丝来了吗？"这种语言技巧可以用于介绍产品的开头部分，能够激发该明星粉丝的活跃度
进行抽奖活动	→	在电商直播中，抽奖时常用的话语为："话不多说，我们先来抽奖。""话不多说"可以表现出主播开门见山的主持风格，同时也能够让观众的精神振奋起来，积极参与抽奖活动
多提自己的名字	→	主播在直播时可以多次提及自己的名字，吸引观众的注意力，并强化自身的标签，参考术语为："喜欢××（主播名字）的，就请多多关注我。"

图9.12　暖场互动语言的相关技巧

9.2.4　掌握销售心得

在小红书平台，想要打动直播间用户的心，让他们愿意下单购买产品，运营者需要先锻炼好直播销售技能。下面分享一些关于直播销售的心得体会，帮助运营者更好地进行直播带货工作。

1. 转变身份

直播带货是一种通过屏幕和用户交流、沟通的销售模式，必须依托直播方式来让用户进行购买，这种买卖关系使得运营者更加注重建立和培养自己与用户之间的亲密感。

因此，运营者不再是冷冰冰的或者单纯的推销机器，而渐渐演变成更具亲和力的"陪伴者"。运营者会通过和用户进行实时的信息沟通，及时地根据用户的要求进行产品介绍，或者回答用户提出的有关问题，实时引导用户进行关注、下单和加购等操作。

当运营者的形象变得更加亲切和平易近人后，用户对于运营者的信任和依赖会逐渐加深，也会开始寻求运营者的帮助，如图9.13所示，借助运营者所掌握的产品信息和相关技能，帮助自己买到更加合适的产品。

图9.13　用户向运营者寻求帮助

> ▶ **专家提醒**
>
> 在进行直播带货之前，运营者要明确自己在小红书的定位，是专注于某个垂直领域（如美妆、时尚等），还是希望成为全品类的带货达人。清晰的定位有助于吸引目标用户，提高直播内容的专业性和针对性。

2. 情绪管理

运营者在直播带货的过程中，为了提高产品的销量，会采取各种各样的方法来达到自己想要的结果。但是，随着加入小红书直播平台的运营者越来越多，每一个人都在争夺流量，希望吸引粉丝并留住粉丝。

毕竟，只有拥有粉丝，才会有购买行为，才可以保证直播间的正常运行。在这种需要获取粉丝流量的环境下，很多个人运营者开始延长直播时间，而机构也开始采用多位运营者轮岗直播的方式，以此获取更多的曝光率，被平台上的更多用户看到。

这种长时间的直播，对于运营者来说，无疑是一个极具挑战性且耗时耗力的任务。因为在直播过程中，运营者不仅要持续讲解产品，还要积极营造直播间的互动氛围，并迅速响应和解答用户提出的问题，整个过程异常繁忙，往往给运营者带来极大的压力。

在这种情况下，运营者就需要做好情绪管理，保持良好的直播状态，使直播间一直保持热烈的氛围，从而在无形中提升直播间的权重，获得系统给予的更多流量推荐。

3. 选对产品

直播带货中产品的好坏直接影响用户的购买意愿，运营者可以从以下几点来选择带货的产品，图 9.14 所示。

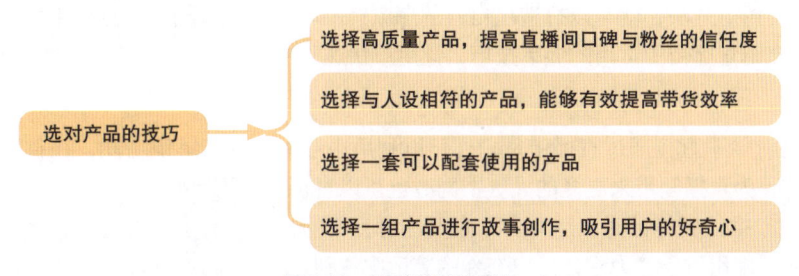

选对产品的技巧 →
- 选择高质量产品，提高直播间口碑与粉丝的信任度
- 选择与人设相符的产品，能够有效提高带货效率
- 选择一套可以配套使用的产品
- 选择一组产品进行故事创作，吸引用户的好奇心

图 9.14　选对产品的技巧

9.2.5　掌握带货技巧

作为小红书平台的电商主播，想要激发用户的购买行为，关键前提是主播能让用户察觉到产品带给他们的价值。那么，该如何做才能让用户察觉到产品带给他们的价值呢？

1. 解决痛点

大部分用户进入直播间，就表明他们在一定程度上对产品是有需求的，即使当时的购买欲望不强烈，但是主播完全可以通过抓住用户的痛点，让购买欲望不强烈的用户也去下单。

当主播在提出痛点时需要注意，只有与用户的"基础需求"有关的问题，才能算是他们的真正痛点。"基础需求"是一个人最根本和最核心的需求，这个需求没解决，会引发强烈的痛苦感。

因此，主播在寻找和放大用户痛点时，让用户产生解决痛点的想法后，可以慢慢地引入自己想要推销的产品，给用户提供一个解决痛点的方案。这时，很多人都会被主播所提供的方案所吸引。毕竟，用户一旦察觉到痛点的存在，第一反应就是消除这个痛点。

2. 打造痒点

痒点，就是满足虚拟的自我形象。打造痒点，也就是需要主播在推销产品时，帮助用户营造美好的梦想，满足他们内心的渴望，使他们产生实现梦想的欲望和行动力，这种欲望会极大地刺激他们的消费心理。

3. 提供爽点

爽点，就是用户由于某个即时产生的需求被满足后，就会产生非常爽的感觉。爽点和痛点的区别在于，痛点是硬性的需求，而爽点则是即刻的满足感，能够让用户觉得很痛快。

对于小红书的主播来说，想要成功把产品销售出去，就需要站在用户角度来思考产品的价值。这是因为在直播间中，用户作为信息的接收者，他们很难直接发现产品的价值，此时就需要主播主动去帮助用户发现产品的价值。

痛点、痒点与爽点都是一种用户欲望的表现，而主播要做的就是，在直播间通过产品的价值点，来满足用户的这些欲望，这也是直播带货的破局之道。

9.2.6 掌握促单技巧

很多运营者看到别人的直播间爆款多、销量好，难免会心生羡慕。其实，只要用对方法，就可以打造出自己的爆款产品。下面从直播前和直播中两方面入手，介绍直播带货常用的促单技巧，让用户快速下单。

1. 种草推广

运营者除了直接通过直播带货，还可以利用小红书的发布笔记功能，在直播前进行种草推广，为直播间带来更多的人气，同时也可以直接提升下单率。

在发布推广类笔记时，运营者一定要注意，不能让笔记看上去太"广告"化，需要分享真实的使用体验，力求让用户在你的笔记中看到真实。

2. 红包营销

在直播间中，发红包是一种很好地吸引用户留存的营销方式，这种互动方式不仅活跃了直播间氛围，还能在直播的各个时段使用，通过精准把握时间节点与红包策略的结合，显著提升用户黏性。不同直播时段的不同营销策略如图9.15所示。

早间客流
直播时段：07:00—10:00
人群特征：主要为中老年用户，消费频率高、决策时间长
营销策略：用大额红包吸引关注，并配合活动提升引流效果

午间客流
直播时段：13:00—16:00
人群特征：通常都是闲逛、无目标的用户，人群特征不明显
营销策略：通过刷屏抽免单与红包的配合，增加直播间人气

晚间客流
直播时段：19:00—23:00
人群特征：店铺老客户为主，忠诚度（回购率）表现较好
营销策略：拉长红包的开抢时间，稀释老客户抢红包的中奖率

图9.15 不同直播时段的不同营销策略

9.3 使用AIGC助力小红书直播带货

在小红书的营销领域，AI正以其独特的魅力悄然变革着直播带货的每一个环节。而AI技术的应用，也为这一领域注入了新的活力。从预测话题，到撰写直播脚本，再到深度分析用户，AI技术的融入，不仅让直播内容更加丰富多彩，也让营销策略更加高效精准。通过智能化工具的引入，小红书直播将迎来更加精准与创新的传播方式，为运营者提供强大的助力。

本节将探讨如何通过AIGC助力小红书直播带货，开启全新的互动体验与商业可能。

9.3.1 预测直播主题和话题

AIGC预测小红书直播主题和话题是营销领域的一项重要应用，它通过先进的数据分析和机器学习技术，为小红书平台的直播活动提供精准的预测和推荐。下面是关于AIGC预测小红书直播主题和话题的详细分析。

1. AIGC预测的优势

AIGC预测小红书直播主题和话题具有以下3个方面的优势。

（1）精准度高：AIGC能够处理和分析海量的用户行为数据、搜索记录、互动反馈等信息，从中挖掘出用户的真实需求和兴趣点，从而预测出最有可能吸引用户的直播主题和话题。

（2）实时性强：AIGC具备快速响应和实时分析的能力，能够紧跟市场趋势和热点事件，及时调整预测结果，确保直播内容的时效性和新鲜感。

（3）个性化推荐：基于用户画像和兴趣数据，AIGC能为不同用户推荐个性化的直播主题和话题，提高用户的观看体验和满意度。

2. AIGC预测的应用场景

通过精准预测和个性化推荐，AIGC可以帮助运营者更好地把握用户需求和市场趋势，提高直播的吸引力和转化率，具体应用如下。

（1）直播带货：运营者可以根据AIGC预测的直播主题和话题，选择合适的商品进行直播带货，提高销售转化率和用户满意度。

（2）内容创作：运营者可以根据AIGC预测的热门话题，创作具有吸引力和话题性的直播内容，吸引更多用户观看和互动。

（3）营销策略制定：运营者或品牌方可以根据AIGC预测的结果，制定更具针对性的营销策略和推广方案，提高品牌知名度和市场占有率。

9.3.2 使用AIGC优化直播标题文案

使用AIGC优化小红书直播标题文案是一个高效且创新的策略，通过数据分析与智能算法提升直播的吸引力和曝光率。下面是一些AIGC在优化小红书直播标题文案时可以采用的策略和方法。

（1）关键词挖掘与匹配：AIGC可以分析当前热门话题、用户搜索习惯和过往成功的直播标题，挖掘出高相关性和高搜索量的关键词，并将这些关键词巧妙地融入直播标题中，以增加直播间的曝光度和点击率，相关案例如下。

🧑 提示词

> 假设你是一位小红书运营者，请结合当前热门话题，为羽绒服直播间生成几条直播标题，以增加直播间的曝光度和点击率。

📘 文心一言

> 当然，结合当前热门话题和羽绒服直播的特点，以下是几条直播标题创意建议，旨在吸引观众注意，提高曝光度和点击率：
> 今冬必抢！羽绒服直播间大放送！保暖又时尚，明星同款来啦！
> 利用"今冬必抢"和"明星同款"等热门词汇，激发观众的购买欲望和好奇心。
> 寒潮来袭！你的保暖神器在这里——羽绒服直播间，限时特惠不容错过！
> 结合天气变化（寒潮来袭），强调羽绒服的保暖功能，同时利用"限时特惠"吸引抢购。
> 羽绒服大革新！高科技保暖材料，轻盈又暖和——直播间带你一探究竟！
> 突出羽绒服的技术革新，吸引对新材料感兴趣的观众。
> 年终大促！羽绒服直播间狂欢夜——满减、抽奖、优惠券，福利不停歇！
> 利用年终大促的购物氛围，结合多种福利活动吸引观众。
> 秋冬换季大清理！羽绒服直播间超值折扣——换季不换温暖，美丽不冻人！
> 强调换季清理的折扣优惠，同时传达保暖与时尚并重的理念。
> 新品首发！羽绒服直播间独家揭秘——设计师款、限量版，抢先看！
> ……

（2）情感分析：利用情感分析技术评估标题文案可能引发的情感反应，确保标题能够激发用户的积极情绪，如好奇、兴奋或期待，注意避免使用可能引起负面情绪的词汇或表达方式。

（3）个性化推荐：基于用户画像和历史行为数据，AIGC可以为不同用户群体推荐个性化的直播标题文案。例如，对于年轻女性用户，可能更倾向于使用时尚、美妆或情感共鸣的标题；而对于科技爱好者，则可能更喜欢具有创新性和技术含量的标题。

（4）长度与结构优化：研究表明，特定长度的标题在小红书上更容易获得用户关注，AIGC可以分析这一规律，并优化标题的长度和结构。

（5）创意与新颖性：AIGC可以学习并模仿人类运营者的思维方式，生成既符合逻辑又充满创意的标题文案，通过引入新颖的观点、独特的表达或巧妙的比喻，使标题在众多内容中脱颖而出。

（6）文化敏感性与合规性：AIGC具备自动检测和过滤敏感内容的功能，确保标题文案符合当地文化习俗和法律法规要求，避免使用可能引起争议或不适的词汇。

9.3.3 使用AIGC辅助生成直播脚本

小红书直播脚本是专为小红书平台直播活动设计的一种文案或指导方案，旨在规范直播流程、提升内容质量并增强用户互动体验。使用 AIGC 辅助生成小红书直播脚本是一个高效且具有创意的方式，旨在吸引用户兴趣，促进互动与购买，相关案例如下。

提示词

> 假设你是一位小红书运营者，请为羽绒服直播生成一个直播脚本。

文心一言

> 当然，以下是一个为羽绒服直播设计的直播脚本示例。请注意，这个脚本可以根据实际情况进行调整和修改。
>
> 直播脚本：羽绒服直播
> 一、直播前准备
> 设备检查：确保摄像头、麦克风、网络连接等设备正常运作。
> 环境布置：背景布置简洁大方，突出羽绒服展示区域，灯光充足。
> 产品准备：将今晚要展示的羽绒服按照款式、颜色等分类摆放好，方便取用。
> 人员分工：明确主播、助理、客服等人员的职责和分工。
> 二、直播开始
> 开场白（1分钟）
> 主播：大家好，欢迎来到我们的羽绒服直播间！我是你们的主播×××，今天我们将为大家带来一系列保暖又时尚的羽绒服，让你在寒冷的冬天也能穿得美美的！
> 产品介绍（10分钟）
> ……

9.3.4 使用AI助力分析直播用户

AI 在助力分析小红书直播用户方面发挥着重要作用，通过用户行为数据分析、用户画像构建、实时反馈与调整、智能推荐与匹配、优化直播内容与形式等手段，为运营者提供更加精准、高效、个性化的营销解决方案。

（1）用户行为数据分析：AI 技术能够深入挖掘和分析小红书直播用户的行为数据，包括观看时长、互动频率、购买转化率等关键指标。通过对这些数据的分析，运营者可以更加精准地了解用户的兴趣、消费习惯、潜在需求，从而制定更加个性化的营销策略。

（2）用户画像构建：基于大数据分析，AI 可以构建出详细的用户画像，包括用户的年龄、性别、地域、职业、兴趣爱好等基本信息，以及更深层次的消费心理、购买动机等特征，这些画像信息有助于运营者更好地理解目标用户群体，实现精准营销和个性化推荐。

（3）实时反馈与调整：AI 技术能够实时监测直播过程中的用户反馈和互动情况，如评论内容、点赞数量、分享次数等。运营者可以根据这些实时数据及时调整直播内容和策略，以更好地满足用户需求，提升用户体验和满意度。

（4）智能推荐与匹配：AI算法可以根据用户的兴趣和历史行为数据，智能推荐与用户兴趣相匹配的直播内容和产品，这种个性化的推荐方式能够显著提高用户的点击率和转化率，同时也有助于运营者发现新的市场机会和增长点。

（5）优化直播内容与形式：AI技术还可以通过分析用户反馈和互动数据，为运营者提供关于直播内容与形式的优化建议。例如，根据用户偏好调整直播时间、增加互动环节、优化产品展示方式等，以提升直播的吸引力和效果。

9.3.5 使用AIGC助力小红书数字人直播

小红书AI数字人直播是利用人工智能技术创建的虚拟主播在小红书平台上进行直播的活动。这些数字人主播通过先进的图像合成、语音识别与自然语言处理等技术，能够呈现出逼真的外表、流畅的动作和自然的语言表达能力，为用户带来全新的直播体验。图9.16所示为小红书AI数字人。

图9.16 小红书AI数字人

小红书AI数字人直播具有以下几个优势。

（1）24小时不间断直播：数字人主播可以实现24小时不间断直播，为运营者带来全时间段的流量支持和曝光机会，这有助于提升品牌知名度和销售额。

（2）降低人力成本：相比真人主播，数字人主播无须休息和薪酬，能够显著降低直播的人力成本。同时，数字人主播的稳定性也更高，不会出现因主播离职或生病而导致的直播中断情况。

（3）进行个性化定制：数字人主播可以根据运营者的需求进行个性化定制，包括外观、声音、性格等方面，这使得数字人主播能够更好地符合品牌形象和市场定位。

（4）提升用户体验：数字人主播通过自然的语言表达和流畅的动作表现，能够为用户带来更加生动和有趣的直播体验。同时，数字人主播还能根据用户的反馈和互动情况实时调整直播内容和策略，提升用户满意度和忠诚度。

例如，腾讯智影基于自研数字人平台开发的"数字人直播"功能，可以实现预设节目的自动播放，如图9.17所示。

图9.17　腾讯智影的"数字人直播"功能

在直播过程中，用户可以通过文本或音频接管功能与数字人进行实时互动。实时接管是在直播过程中运营者可以随时"打断"正在播放的预设内容，插播临时输入的内容，可以对用户的问题进行针对性解答，并降低重复内容的风险，能够有效提高数字人直播的互动性。

腾讯智影的"数字人直播"功能是基于云端服务器实现的，它没有本地直播推流工具，所以需要借助第三方直播推流工具进行对应平台的直播。运营者也可以根据推流地址，自由选择直播平台（如小红书平台等），腾讯智影不限制直播平台。

本章小结

本章首先介绍了小红书的直播模式，包括小红书直播的基本概况、小红书带货与其他平台的区别和直播带货的注意事项等；然后介绍了小红书的直播带货艺术，包括语言魅力、语言技巧、带货氛围、销售心得、带货技巧、促单技巧等内容；最后介绍了AIGC

在小红书直播带货中的应用与助力，包括预测话题、优化直播标题文案、生成直播脚本，以及分析直播用户、小红书数字人直播等。

课后习题

鉴于本章知识的重要性，为了帮助读者更好地掌握所学内容，本节将通过课后习题，帮助读者进行简单的知识回顾和补充。

1. 请简述直播内容包装的核心策略。

答：直播内容包装的核心策略有：明确风格定位、精心策划内容、设计视觉元素、激发互动参与、利用技术手段、进行营销推广、数据分析与优化等。

2. 请简述虚拟主播的优势。

答：虚拟主播具有以下优势。

（1）降本增效：虚拟主播的运用极大地降低了直播成本，无须昂贵的直播间建设或专业主播聘请费用，AI技术可以实现全天智能直播，提高品牌曝光度。

（2）AI驱动的智能互动：结合AI技术，虚拟主播能够根据用户的实时弹幕进行智能语音互动，推荐合适的商品，提高直播成交的转化率。

（3）形象与风格的多样性：虚拟主播可以根据直播主题变换不同的外观和风格，满足用户的多元化和个性化需求，增强直播内容的吸引力。

小红书的引流变现

第10章

虽然小红书最初只是一个社区类的种草平台，但是现在，其商业潜力巨大，博主通过账号引流并掌握一定的技巧，就可以在小红书平台实现价值变现。本章将从引流和变现两个部分进行介绍，结合 AIGC 技术，帮助运营者实现引流变现的目标。

10.1 小红书的养号技巧

一些想在小红书引流的运营者，因为不懂小红书平台的相关规则，没有养号便直接发布作品，这会导致该账号权重变低，引流的效果便不会特别明显。那么，怎么养号呢？本节就来解答这一问题。

10.1.1 什么是小红书养号

什么是小红书养号呢？顾名思义，就是通过一些操作来提高账号的初始权重。当运营者的账号权重越高，官方便会扩大推荐范围，这样笔记的曝光量相对于其他的账号就越大。而曝光量的提高也就意味着运营者的笔记会有更多的人看到，运营者推荐的产品也能得到进一步推广。

养号是非常重要的一个环节。如果运营者刚注册账号，不进行养号便直接发布广告，官方则会认定该账号为营销号。所以，养号的最终目的也就是向平台证明运营者是正常用户，让平台分配相应的流量。

大多数人都犯过同样的错误，看到别人说运营小红书能赚钱，就立即开始抱着"我也会成功"的心态发作品，暂且先不论作品的质量，就说作品的播放量和推荐量，也就是观看的人数，是不是都很少？

为什么会这样呢？是因为运营者刚建号就发作品，这就好比别人都不认识你，而你就想跟别人借钱，别人会借给你吗？同样的道理，运营者要先通过一系列操作获取平台的信任，让平台知道你是正常用户，然后再精心准备一个作品发表，这样才会有更多人看到你的作品。

10.1.2 哪几个阶段需要养号

上文讲了什么是养号，相信读者对养号已经有了一个初步的认识，那么哪些阶段需要养号？如果你处于下面4个阶段，那就要开始养号了。

1. 刚注册的新账号

在小红书平台中，作为一个新用户，你需要先熟悉平台的规则，通过一系列正规操作，让平台确认你的账号是正常的账号，不会违规。

一般而言，对于新账号，建议先将账号上的个人基本资料都完善好，例如头像、昵称、个人简介等，然后将账号的定位确定好，搜索并浏览相关的内容，或是对"搜索发现"中的笔记进行适当地点赞、评论。

2. 长期不使用的账号

有一些用户已经建立了小红书账号，但是并没有长时间使用，不久之后便卸载了小红书App。现在意识到小红书平台也是一个能够盈利的平台，又再次把曾经卸载的小红书App下载回来。

这些账号往往权重相对不高，需要用一定时间来养号，同时也是给平台一个重新认识你的机会。

3. 点赞、评论出现异常的账号

有一些用户在使用小红书时突然出现无法点赞或者发布的评论别人看不到的情况，这种情况可能是没有刷新导致的，也可能是系统升级的原因。如果是这两种情况，则不需要养号，重新刷新或是升级系统便可以了。

但是还有可能是你的账号出现了问题。如果在重新刷新和升级系统后，点赞和评论仍然有问题，那么便需要进行养号了。

4. 有过违规行为的账号

有过违规行为的账号毫无疑问是要进行养号的，这种账号平台直接贴上了"差等生"的标签。对于"差等生"账号，平台不会给予过多的关注，也不会给予被推荐的机会。所以有了违规行为的账号一定要进行养号，改善账号在平台中的形象，才能获得更多推荐。

10.1.3 如何养号

在了解怎么进行养号之前，先来了解养号需要多少时间，毕竟不可能一直进行养号。一般而言，养号需要一周左右。如果在账号出现异常的情况下，则需要延长时间；如果账号出现严重违规的情况，则需要半个月左右。

养号主要有以下几种方式。

1. 关注账号

在养号期间，可以多关注一些其他账号，也可以关注小红书官方账号，例如"薯管家""小红书创作助手"等，如图 10.1 所示。

图10.1　小红书官方账号

关注账号的同时，一方面可以进行养号，另一方面也可以学习其他账号的笔记内容。

2. 浏览互动

除了提高账号等级、关注其他账号，还可以进行浏览互动，比如搜索热门话题进行浏览。当然，在浏览的过程中，不能快速地浏览，最好是按正常的速度将笔记全部浏览完，这样对养号才会有帮助。

互动时也不能发布一些无关紧要的内容，如"很好"等。此外，在评论时一定不要出现违禁词等内容。

3. 多开应用

一台设备要登录多个账号时，在没有条件的情况下，可以利用应用分身来解决。或在切换账号前，关闭流量数据，开启飞行模式一段时间后，再登录另一个账号。

10.2 小红书的引流技巧

在众多的平台中，小红书平台也是非常受各大品牌方关注的平台之一，尤其是在美妆、母婴等行业，是各大品牌、商家必争之地。

作为一个种草平台，与其他平台相比，小红书平台中用户搜索的目的性更加精准，而且购买的欲望也更强烈，那么如何将这些有着强烈的购买欲望的用户引到自己的私域呢？本节将介绍一些引流的技巧，帮助运营者获得更多精准的用户。

10.2.1 使用账号信息引流

大多数博主在账号运营的过程中，都喜欢在个人账号简介或内容载体中留下自己的联系方式，以便将平台上的流量和粉丝引流到其他平台再进行转化变现。

用户点开博主的主页，便可以看到博主的账号信息，因此在账号信息中写明自己的联系方式，便能够很好地引流。许多博主都会在主页上提供邮箱、微博昵称、淘宝店铺名称等信息，方便用户浏览到感兴趣的内容时随时联系。

10.2.2 注重品牌打造

相对于其他平台，小红书更容易打造品牌，也更好营销。品牌的打造一开始要注重的是品牌的形象，可以通过笔记的形式向用户种草，形成良好的品牌形象。因此，许多品牌也更愿意在小红书推广引流。图10.2所示为小红书上品牌号的个人主页。

图10.2　小红书上品牌号的个人主页

10.2.3　借助打卡功能引流

小红书有一个特别的功能，即打卡功能。图10.3所示为个人主页上的打卡功能。博主通过在个人主页添加打卡功能可以正常引流，这个方式非常高明和奇特。用户点进博主的主页便能知道怎么联系博主。

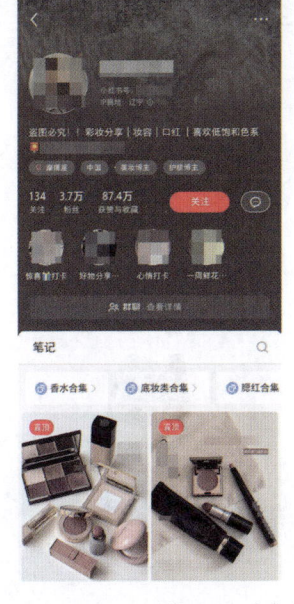

图10.3　个人主页上的打卡功能

10.2.4 置顶笔记引流

有一些博主会置顶自己的笔记,置顶的笔记通常浏览量都是非常不错的。一般而言,被置顶的笔记都会在左上方显示置顶二字,如图10.4所示。

图10.4 置顶笔记

有的博主私信很多,就可能导致账号受限,因此博主可以通过发布置顶笔记的方式来引流。

10.2.5 利用图片引流

除了以上这些引流方式,还可以在图文笔记的图片中加入一些店铺或者品牌的名称,这种方式一般在穿搭笔记中经常出现,如图10.5所示。因为这种方式比较隐蔽,用户在阅读时可能发现不了,此时运营者便可以在评论区中提醒一下。

图10.5 图片引流笔记

10.2.6 利用私信引流

私信引流便是通过私信的方式将需要引流的信息发送给对方,可以在正文或者评论区让用户私信你。注意不能加入敏感词、违禁词等,否则会被平台检测出来。

很多博主都是通过私信的方式进行引流,一方面风险不大,且能够私信的用户都是对博主的内容感兴趣的用户;另一方面私信是一对一的方式进行交流的,对方能够精准地接收到博主的引流信息。图10.6所示为一名博主的私信引流笔记。

图10.6　私信引流笔记

10.2.7 利用个人品牌词引流

打造一个个人品牌词就像打造一个人设一样,好的人设可以让人轻易记住。同样,一个好的个人品牌词也能提高账号的辨识度,加深用户的印象。

以个人品牌词的方式引流主要包括两种方法,一是通过将个人品牌词与其他平台相关联,当用户在这个平台上关注你时,在使用另外一个平台时,也能够根据你的个人品牌词找到你。二是通过不断提及品牌词的方式加深用户对于品牌词的印象,从而达到引流到其他平台的目的。当然,这个品牌词要加入第三方平台,这样才能更好地引流。需要注意,运营者在确定个人品牌词时,一定要注意以下几点。

1. 特点鲜明

个人品牌词就像一个广告词,这个广告词必须有着鲜明的自我特色。图10.7所示为添加个人品牌词的笔记,加上"大码""小个子"等这样的个人品牌词,更能精准地吸引用户。

图10.7 添加个人品牌词的笔记

2. 与自己的定位相符

当运营者在打造个人品牌词时，不能随意确定，一定要符合自己的定位。个人品牌词是帮助运营者提升关注度、提高热度的方式，当个人品牌词与账号定位大相径庭时，是无法提升账号的知名度的。

图10.8所示为一位美食博主的个人主页，该账号打造的个人品牌词为美食，账号的昵称是"美食～搬运家"，与自己的定位相符。

这样用户在首页看到笔记时便知道博主的定位是与美食相关的，想要了解的用户便会点开博主的主页浏览甚至关注博主。

图10.8 一位美食博主的个人主页

10.2.8 利用评论引流

在评论区引流是一种较为直接的引流方式，运营者可以直接和用户进行交流。评论区引流分为两种情况，在自己的评论区引流和在其他博主的评论区引流。下面详细介绍这两种方式。

1. 在自己的评论区引流

在自己的评论区引流就是在自己的评论区中将小红书的流量引到其他平台中去。有的用户可能不会点进博主的主页，但是会看评论区，因此在评论区给自己引流也能够吸引很大一部分用户。

一般而言，能对运营者的笔记进行评论的用户大都是对运营者的笔记内容有着浓厚兴趣的用户。因此，这些用户对于运营者来说，也是运营者的精准用户。需要注意，引流是为了将用户引到其他平台，那么主要是哪些平台呢？大致分为以下两种。

（1）线上平台。线上平台可能是一些第三方电商平台。图10.9所示为一位博主的线上平台引流笔记，这位博主在推荐家居好物的同时，会在评论区告诉用户商品店铺名称，引导用户前往第三方平台进行购买。

图10.9　线上平台引流笔记

（2）线下商店。随着网络技术的快速发展，人们通过网络便可以知道千里之外的事情，因此有很多在线下开设了店铺的博主，会选择在网络平台开设账号，让各地的用户都知道自己的店铺，从而吸引更多的用户走进自己的线下商店。

图10.10所示为小红书的线下商店运营账号的笔记，运营者通过将线下商店的具体情况在平台上展示给用户，让他们能够足不出户地了解线下商店的全部信息，感兴趣的用户便会被吸引，从而进入线下商店。

> **▶ 专家提醒**
>
> 在引流的过程中，运营者需要注意以下几点：一是不要使用刷赞、刷评论等不正当手段提高内容的曝光度，这些行为可能会导致账号被封禁；二是不要直接发送明显的联系方式，可以采用分段、中英混合、谐音字代替敏感词等方式进行隐晦引流；三是要妥善保护用户的个人信息，不要将用户的隐私泄露给第三方。

图10.10　线下商店运营账号的笔记

2. 在其他博主的评论区引流

有的博主会选择在其他博主的笔记评论区进行引流，这种方式有可能会受到其他博主的反感。因此，在进行评论引流时一定要注意方式，避免引起其他博主的反感。

需要注意，当运营者在其他博主的笔记评论区进行评论引流时，一定要选择热度相对较高的笔记评论。如果在热度不高的笔记留言，观看的人也会很少，也就没有必要在其他博主的笔记引流了。

另外，要选择与自己的账号定位相类似的，即同一领域内的笔记引流。如果运营者是美妆领域的博主，却选择在一个读书博主的笔记下面留言，这显然会引起该博主的反感，而且也达不到引流的效果。

10.3　小红书的变现渠道

在各大新媒体平台中，不管博主是在线上做副业、做电商引流，还是在线下的实体店，小红书的用户质量和引流的能力相比其他平台要更占优势，而且投入的成本低、变现能力强。现在，越来越多的运营者不再局限于内容种草，更注重引流和变现。那么，小红书运营者该如何通过平台来变现呢？本节将介绍几个变现渠道，帮助运营者获取收益。

10.3.1 品牌合作

一些品牌为了提高品牌的知名度，会选择以素人铺量的方式来推广，所以当运营者的账号有了一定的粉丝量并且达到了品牌合作的要求之后，便可以开始接一些品牌广告了。

当然，在选择品牌推广时，一定要选择与自己的账号定位相符合的品牌，毕竟小红书的核心便是分享，分享各种生活经验、学习经验等，所以只有当自己的品牌推广与账号定位相统一时，在笔记中加入真实的使用体验，这样用户才会信任运营者推荐的产品。

如果说，运营者一开始接触品牌推广时，不知道如何做才能达到最佳的推广效果，可以通过新红平台查看品牌的相关信息。图 10.11 所示为新红平台品牌种草榜。

图10.11　新红平台品牌种草榜

以拼多多为例，在新红中点开拼多多的品牌详情，便可以看到拼多多的品牌概况、品类分析、种草笔记等，如图 10.12 所示。

与品牌合作的笔记可以将自己的使用体验分享出来，当然内容还取决于品牌方的具体要求。一般与品牌合作而创作的笔记都会 @ 品牌方，或者在笔记中插入品牌方的链接。图 10.13 所示为运营者与某品牌合作的笔记。

图10.12　新红平台拼多多品牌概览

图10.13　运营者与某品牌合作的笔记

10.3.2　直播变现

小红书也可以做直播，一些博主可以通过直播的方式将自己的产品在直播中推荐给用户，从而达到变现的目的。一般而言，直播主要分为两种情况，一种情况是为自己的产品带货，这种通常是自己在小红书中有专门的店铺，如图10.14所示。

图10.14　为自己的产品带货直播

另外一种情况是为合作的商家进行推广，如图 10.15 所示。一般这种直播的账号有一定的粉丝基础，但没有在小红书中开设自己的店铺，通过与其他品牌合作来获得变现收益。

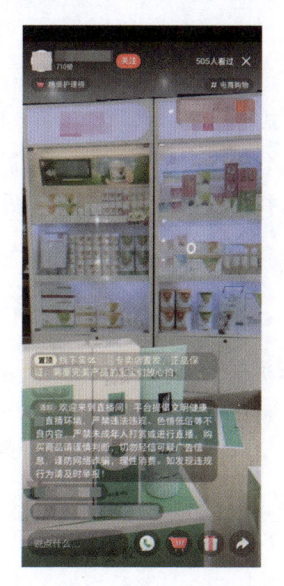

图 10.15　与商家合作的直播

10.3.3　推广合作

小红书平台中有一个商场专区，如图 10.16 所示，运营者可以开设属于自己的小红书店铺。当用户有喜欢的产品时不用跳转到第三方平台便可以直接在小红书平台中购买。

图 10.16　商场专区

因此，博主可以通过自营或者分销的方式在小红书平台开设店铺。在小红书中，当运营者的账号升级为专业号后便可以开店。当账号有了一定影响力和粉丝基础后，便可以在笔记中插入店铺的链接。

10.3.4 品牌变现

众所周知，小红书是一个生活方式分享平台和消费决策入口，因此为了给消费者提供更好的购物消费体验，平台不断邀请大量优质品牌商家和企业入驻。对于影响力较大的品牌方来说，就可以利用自身品牌来变现。图10.17所示为品牌商家的入驻流程。

图10.17　品牌商家的入驻流程

10.4　使用AIGC助力小红书引流

在小红书这个充满活力的内容生态中，如何借助AIGC的力量，成为引流的佼佼者，是不少运营者面临的问题。本节探讨使用AIGC助力小红书引流的技巧，帮助运营者在小红书平台上更精准地引流，从而获取更多的流量。

10.4.1 原创内容引流

AI为原创内容的创作与引流提供了全新的视角，它不仅是技术的堆砌，还能深刻理解用户的情感需求，助力运营者打造出富有情感色彩的故事化内容。这些故事围绕用户的日常生活、梦想与情感经历，旨在触动用户的内心，建立深厚的情感连接。通过AI的情感分析能力，内容得以个性化地表达。

技术驱动的创意呈现更是为小红书原创内容注入了无限可能。AI技术支持多媒体内容的创作与融合，让文字、图片、视频等多种媒介形式得以完美结合，呈现出丰富多样的内容形态。

另外，AI还在不断探索新的应用领域，如生成对抗网络在图像与视频创作中的应用、自然语言处理在文本创作与编辑中的智能化等，这些创新技术的应用不仅提升了内容的创意性与独特性，还为用户带来了前所未有的阅读和观看体验。

10.4.2 AI表情包引流

AI小红书表情包引流策略，作为一种创新的社交媒体营销手段，正逐渐在市场中崭露头角，这一策略巧妙地将AI技术与小红书平台的独特魅力相结合。通过精心制作的AI表情包，如图10.18所示，成功吸引大量用户的关注与互动，进而为品牌或产品带来了显著的曝光和销售机会。

图10.18　AI表情包

运营者可以利用AI工具制作表情包，并将其发布到小红书平台，利用其庞大的用户群体和活跃的社区氛围进行广泛传播，同时还可以将表情包分享到其他社交媒体平台上，如微博、抖音等，以进一步扩大曝光范围。在发布过程中，互动引导是关键，通过附上引导性文案或标签，鼓励用户点赞、评论和分享。另外，设立互动环节，如抽奖、问答等，以增加用户参与度和黏性。

为了将流量转化为实际的销售量，需要特别注重私域流量的转化。在小红书个人主页或笔记中，通过巧妙地留下联系方式，如微信号、公众号等，引导用户关注并加入私域流量池。在私域流量池中，通过定期发布优质内容、提供专属福利等方式，增强用户的黏性和忠诚度，为后续的转化打下坚实的基础。

10.4.3 评论功能引流

小红书的AI评论功能，作为社交媒体营销领域的一项创新技术，正逐步成为品牌和个人运营者提升互动效率与精准度的得力助手，这一功能巧妙融合了AI的智能算法与机器学习技术，实现了评论内容的自动化生成与智能发布，为运营者带来了前所未有的便捷与高效。

小红书的 AI 评论功能通过智能分析技术，对目标内容进行深入剖析，准确把握其主题、情感倾向及关键词等核心要素。基于这些分析结果，运营者可以选择或定制符合自身需求的评论模板，这些模板不仅个性化十足，还能精准对接不同营销目标和用户群体的需求。

在模板与智能算法的双重作用下，AI 评论功能能够迅速生成既符合语境又遵循平台规则的评论内容，内容形式丰富多样，包括纯文本、图片、表情等，以满足不同用户的喜好与需求。

AI 评论功能的优势显而易见，它极大地提高了评论发布的效率与频率，减少了人工操作的时间成本和精力消耗。同时，通过精准定位目标用户群体，AI 评论功能能够确保每一条评论都能直击用户痛点，提升互动效果与转化率。另外，该功能还提供了实时的评论效果监控与数据分析服务，帮助用户及时了解评论反馈并优化策略，实现营销效果的持续提升。

10.4.4　AI 互动回复引流

小红书的 AI 互动回复功能，作为社交媒体互动领域的一项创新技术，正悄然改变着用户的在线交流体验。该功能通过内置的 AI 系统或特定 AI 角色，为用户提供了即时、有趣且个性化的对话体验，极大地增强了社区的活跃度和互动性。

具体而言，小红书的 AI 互动回复功能允许用户将 AI 角色引入群聊或个人聊天中。这些 AI 角色不仅拥有独特的个性和设定，还能根据用户的输入和上下文，智能地生成回复内容。无论是解答问题、情感交流还是角色扮演，AI 都能以流畅自然的对话方式，与用户进行深度互动，为交流增添无限乐趣。

这一功能的实现方式既高效又便捷。用户只需进行几步简单的操作，即可将 AI 角色添加到聊天中，并随时发起对话。而 AI 系统则凭借其强大的智能算法和学习能力，迅速理解用户意图，生成准确且富有创意的回复。这种即时响应的能力，不仅提高了互动效率，还让用户感受到了前所未有的便捷和智能。

小红书的 AI 互动回复功能还具备诸多特点。一是，它打破了传统人工回复的局限性，实现了全天、无间断的在线服务。无论何时何地，用户都能与 AI 进行实时对话，享受不间断的互动体验。二是，该功能通过引入多样化的 AI 角色和对话内容，为用户提供了个性化的互动选择。用户可以根据自己的喜好和需求，选择适合的 AI 角色进行对话，从而打造出独一无二的互动体验。

10.5　使用 AIGC 助力小红书变现

AIGC 助力小红书变现的核心价值在于高效多元的内容生产能力，它能快速产出不同风格的文案、图片等，节省创作者时间，使其更专注于变现策略。同时，AIGC 可深度分析用户行为数据与兴趣偏好，精准把握用户需求，生成贴合的内容，提高账号吸引力和转化率，推动商品销售与广告合作。此外，AIGC 还降低了内容创作成本，减少了人力、物力投入。

综合以上因素，AIGC 为小红书创作者和商家开辟了更高效、低成本的变现途径。本节详细介绍使用 AIGC 助力小红书变现的 8 种方式。

10.5.1 小红书图文号变现

小红书图文号变现是通过小红书平台，利用图文内容吸引流量，然后通过多种方式实现变现的过程。小红书图文号的主要变现方式如下。

（1）开设小红书店铺：个人或商家可以通过认证专业号后开设小红书店铺，在其中销售产品或服务。

（2）广告合作：小红书博主可以通过发布与品牌合作的软广告笔记来获得报酬，包括图文种草、视频种草、文案直发等形式。

（3）蒲公英平台合作：小红书官方提供的合作平台，博主可以入驻成为品牌合作人，与品牌进行正规合作。

（4）知识付费：主要针对知识类博主，可以通过开设专栏、售卖课程来实现变现。

（5）好物体验：博主可以通过参与好物体验计划，写试用笔记来获得免费商品或稿费。

（6）账号交易：拥有一定粉丝基础的小红书账号可以进行买卖，这也是一种可行的变现方式。

（7）引流到私域：通过小红书内容吸引粉丝后，引流到微信等私域空间进行进一步的商业活动。

（8）引流到电商平台：通过小红书内容吸引用户后，引导他们到电商平台进行购物，博主从中获得分成或佣金。

小红书已经从一个单纯的购物分享社区，转变为一个内容多样化的平台，覆盖了广泛的主题和领域。在小红书平台上，运营者无须撰写冗长的文章，只需将生活中的点滴经验整理成简洁的笔记，辅以适当的图片，即可完成一篇有吸引力的内容。想要让文案和图片在信息流中脱颖而出，AIGC 技术的辅助无疑是一大利器。

例如，iThinkScene 是一款专为小红书图文创作设计的 AI 工具，能够一键生成高质量的图文内容。利用 iThinkScene，运营者可以快速提炼小说或故事的精华部分，生成有吸引力的标题，并设计出引人注目的封面图片。此外，iThinkScene 还支持批量创作，大大提高了内容生产的效率。图 10.19 所示为 iThinkScene 中的"小红书图文"AI 创作功能。

在创作图文笔记时，从确定目标用户到增强用户的情感共鸣，AIGC 都能为运营者提供个性化的解决方案，相关技巧如下。

（1）目标用户定位：在撰写文案前，可以用 AIGC 明确想要吸引的用户群体，了解他们的兴趣点和需求，这将帮助运营者与用户建立更深的联系。

（2）关键词优化：用 AI 精选关键词并巧妙融入文案，提升在小红书搜索中的可见度，同时避免过度堆砌，保持文案的自然流畅。

图10.19　iThinkScene中的"小红书图文"AI创作功能

（3）引人注目的标题：一个好标题是吸引用户点击的关键，使用AI生成富有创意和趣味性的标题，可以激发用户的好奇心。

（4）简洁明了的表达：小红书用户喜欢直接而精炼的内容，运营者可以使用AI优化文案，保持文案的简洁，避免冗长。

（5）图文结合：使用AI创作与文案相匹配的图片，高质量的视觉内容能显著提升文章的吸引力。

（6）情感共鸣：通过AI创作真实的故事或个人经历，建立与用户的情感联系。

（7）互动性：鼓励用户参与讨论，提出问题或邀请反馈，增加文案的互动性。

相较于撰写长篇文章，创作笔记无疑是更为轻松且高效的路径，尤其对于寻求副业机会的人，成为小红书博主就是一个不错的选择。

当粉丝数量达到1000~5000时，运营者可以接一些软植入广告，广告费用通常在200～2000元不等，具体价格取决于粉丝的互动度和忠诚度。如果粉丝数量超过5000，并且笔记的平均曝光量能够达到10000次，运营者就有资格加入小红书的官方品牌合作平台，从而获得更稳定的收入。

另外，通过AI工具生成的图文内容，可以用于小说推广、商品营销或品牌宣传。小红书的双瀑布流布局要求运营者精心设计封面和标题，以吸引用户的注意力。利用AI绘画工具制作的封面图片，结合DeepSeek等AI工具生成的文案，可以大幅提升内容的吸引力和转化率。基于AI技术，既能简化创作流程，还能提升内容的质量和吸引力，实现小红书图文号的高效变现。

10.5.2　小说推广号运营变现

在数字化内容推广的新时代，利用AI做小说推广号已成为一种创新且高效的运营手段。通过AI生成的图像与小说内容结合，不仅提升了用户的阅读体验，也为小说推广号开辟了新的变现途径。

随着 AI 技术的不断进步，特别是文本到图像（Text-to-Image）技术的突破，小说推广号得以通过声画匹配的方式，为用户带来更为沉浸式的体验。利用如 SD（Stable Diffusion）等 AI 图像生成模型，可以将小说中描述的场景和人物转化为视觉图像，如图 10.20 所示，极大地增强了小说内容的吸引力。

图10.20　SD 生成的小说推文图片效果

对于个人或团队运营者而言，了解并掌握小说推广号的运作机制是关键。创建一个小说推广号，利用 AI 技术生成与小说情节相匹配的图像，可以吸引更多的关注和流量。

若运营者已有一个团队运作此项目，可以考虑通过 AI 技术进行内容升级。通过 AI 生成的图像，可以为现有内容增添视觉元素，提升用户的阅读体验，从而增强用户黏性和推广效果。

运营者掌握 AI 图像生成技术后，可以为其他小说推广团队或个人提供外包服务。根据小说内容生成相应的图像，不仅可以开辟新的收入来源，也能在行业内建立良好的合作关系。另外，运营者也可以与小说作者或出版社建立合作关系，为其作品提供定制化的图像推广服务。

10.5.3　头像壁纸号运营变现

在新媒体的浪潮中，AI 技术的应用为头像壁纸号的运营提供了新的思路和变现途径。随着 AI 绘画技术的兴起，创作个性化头像壁纸变得更加简便，用户无须进行复杂的版权处理或手工绘制，仅需通过 AI 软件即可生成，大大降低了入行门槛。人们对个性化头像和壁纸的需求始终存在，这使得头像壁纸号成为一个长期且稳定的运营选项。

通过 AI 绘画工具，运营者可以根据用户的需求，快速生成各种风格的头像、壁纸、艺术照、卡通形象等，这种服务不仅满足了用户的个性化需求，也为运营者带来可观的收入。运营者可以将 AI 生成的个性化头像壁纸发布到小红书进行引流，相关示例如图 10.21 所示。

图10.21　用AI生成的个性化头像壁纸示例

头像壁纸号的变现模式如下。

（1）平台挂载与广告收益：通过将头像壁纸号挂载在用户基数大、流量大的平台上，可以吸引更多的用户关注和使用。例如，利用小红书作为平台，通过评论区或主页引导用户搜索特定小程序并输入口令来下载高清原图。用户在下载高清原图的过程中会观看广告，也能够为运营者带来广告收益。虽然单次收益不高，但通过增加账号数量和提高作品流量，可以大幅提升总体收益。

（2）私人定制服务：当头像壁纸号的内容足够吸引人时，部分用户可能有定制个性化头像的需求。运营者可以在平台上展示私人定制服务，或通过微信、闲鱼、淘宝等渠道接收订单。根据用户需求，提供个性化的头像设计，这种服务的单价通常较高，可以根据服务的深度和质量来定价，从而实现更高的收益。

（3）知识付费与教学课程：对AI绘画技术感兴趣的用户，运营者可以提供知识付费服务，包括提供关键词、资料包，或是通过视频教程和训练营等形式进行教学。这不仅能够帮助他人学习AI绘画技能，同时也为运营者带来额外收入，并扩大其影响力。

AI技术的融入，为头像壁纸号的运营提供了更多可能性，也为运营者带来了新的变现渠道。

10.5.4　出售AI绘画作品

随着AI技术的发展，AI绘画服务已经成为新兴的创业潮流。AI绘画技术使运营者能够快速生成质量不错的艺术作品，这些作品不仅能满足市场对个性化和创新设计的需求，还可以通过出售作品来为运营者提供新的收入来源。

通过在小红书公共平台上展示作品，运营者可以吸引潜在用户的注意力，并建立自己的粉丝群体。例如，一位 AI 绘画爱好者通过在小红书上发布和出售作品，如图 10.22 所示，不仅粉丝数量大幅增加，还接到了多个约稿订单。

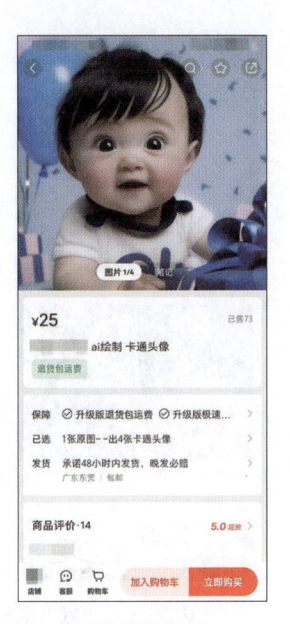

图 10.22　在小红书上出售 AI 绘画作品的示例

除了出售作品，运营者还可以通过 AI 绘画定制服务赚钱，方法如下。

（1）接受定制委托：根据用户的需求和喜好，提供个性化的 AI 绘画服务，无论是卡通形象、亲子头像还是情侣头像，AI 都能轻松应对。

（2）定价策略：合理的定价是吸引用户的关键。根据作品的复杂度和创作时间，定价可以在 50～99 元，甚至更高。同时，也可以提供一些亲民的活动价格，如 6.6 元或 9.9 元等，以吸引更多的用户关注运营者的账号。

（3）引流策略：在小红书等平台上提供免费的前 3 张作品，可以有效地吸引潜在用户，之后可以提供更高价位的定制服务。

（4）沟通与服务：在接单前，建立一套标准的操作流程，让用户提供必要的信息，以减少沟通成本。同时，对于复杂的定制需求，除了使用 Stable Diffusion 等 AI 绘画工具外，还需要利用 Photoshop 等软件进行后期处理。

10.5.5　出售 AI 绘画教程

随着 AI 绘画技术的发展，越来越多的人对此表现出兴趣，希望能够学习和掌握 AI 绘画技能。同时，AI 绘画技术不需要用户具备深厚的绘画基础或软件技能，这也间接扩大了潜在用户群体的规模。

对于那些对 AI 绘画充满热情却又不知如何入门的人来说，出售 AI 绘画教程是一个不错的变现选择，这不仅能够帮助他人快速掌握 AI 绘画技能，同时也能为自己带来一定的经济收益，下面分享一些相关的方法。

（1）小红书平台分享：运营者可以在小红书平台上注册账号，定期发布自己的AI绘画作品，如图10.23所示，通过展示艺术才华和技术实力，吸引用户关注和积累粉丝。

图10.23　在小红书平台上发布自己的AI绘画作品

（2）在线教学视频：运营者可以考虑制作在线教学视频，通过视频教程教授学员如何使用AI绘画工具，从基础操作到高级技巧，逐步引导他们进入AI绘画的世界。

（3）粉丝互动：不要忽视粉丝的力量，他们可能是运营者潜在的学员。通过与粉丝的互动，了解他们的需求，为他们量身定制AI绘画课程，满足他们的学习需求。图10.24所示为通过群聊与粉丝互动的示例。

图10.24　通过群聊与粉丝互动的示例

（4）线下培训班：组织线下培训班是一个不错的选择，面对面教学能够提供更加个性化的指导，同时也能提升学员的学习体验。

（5）知识付费：如果运营者已经拥有一定的粉丝基础，并且具备设计或绘画的专业背景，那么完全可以利用这些优势，结合 AI 绘画技术，创造更多的收入。例如，可以开通各种自媒体或在线教育平台的付费课程，提供专业的 AI 绘画教学内容，在线教育平台的付费课程示例如图 10.25 所示。

图 10.25 在线教育平台的付费课程示例

（6）个性化提示词研究：如果运营者的 AI 绘画作品风格独特，研究的提示词富有个性，那么教程将更具吸引力，能够激发学员的兴趣和创造力。

（7）教育和培训服务：开设在线课程或工作坊，向其他艺术家或有兴趣的学员传授 AI 绘画的技巧和经验，通过收取合理的学费，从教育服务中获得稳定的收入。

AI 绘画技术的兴起为艺术创作带来了新的可能，同时也为运营者开辟了新的收入渠道。通过出售 AI 绘画教程，运营者不仅能够分享自己的知识和技能，还能在帮助他人的同时获得经济上的回报，这是一个双赢的过程。

10.5.6 直播间卖货变现

AI 技术在小红书直播中的应用，为运营者提供了一种新的变现途径。通过在直播间挂购物车卖货，运营者可以在直播过程中推荐商品，从而赚取佣金。

通过直播卖货实现变现的步骤如下。

（1）选择合作商家：与小红书平台或品牌商家建立合作关系，选择适合直播的商品。

（2）策划直播内容：围绕合作商品策划直播内容，确保内容既有吸引力又能够展示商品特点。

（3）互动与推广：在直播中使用 AI 技术与用户互动，推广商品，解答用户疑问。

（4）推出福利活动：适时推出福利活动，如折扣、优惠券等，吸引用户购买。

（5）分析反馈：收集用户反馈，分析商品销售情况，优化后续直播策略。

通过在直播间挂购物车卖货赚佣金，为运营者提供了新的变现渠道。在 AI 直播技术的帮助下，运营者可以更高效地推广商品，提升用户体验，获得更多的收入。

通过 AI 数字人直播推荐与销售商品的相关示例如图 10.26 所示。

图 10.26　通过 AI 数字人直播推荐与销售商品的相关示例

10.5.7　直播间打赏变现

数字人直播技术正在革新新媒体行业，为运营者提供了新的变现途径。通过 AI 技术，运营者可以创造出虚拟的主播形象，与用户进行互动，并通过直播获取打赏，实现收益。

运营者可以通过设置虚拟礼物或打赏机制，让用户通过购买虚拟礼物或向虚拟主播打赏来表达支持，从中获得收益。同时，AI 技术能够帮助运营者编辑和制作更专业、更有趣的直播内容，可用于直播片段剪辑、特效添加、字幕生成等，提高直播的专业度和用户观看体验。

例如，运营者通过数字人直播，每月可以获得数万元的打赏收入。图 10.27 所示为小红书直播间的礼物界面，图 10.28 所示为充值界面。此外，一些品牌也通过使用数字人直播，成功提升了品牌知名度和销售额，实现了可观的经济效益。

图 10.27　小红书直播间的礼物界面　　　　图 10.28　充值界面

10.5.8 直播导流线下变现

AIGC 技术正在为本地生活商家开辟新的变现途径，通过数字人主播的吸引力，商家能够在线上推广团购券或外卖券，增加线上曝光度，并将这些流量有效转化为线下门店的客流。

例如，一知智能推出的"牙势数字人"技术，为直播行业带来了创新的个性化解决方案，不仅提供 2D 数字人的风格化形象和声音定制，还实现了直播场景的品牌化，使其能够适应多种商业应用场景，"牙势数字人"的相关示例如图 10.29 所示。

图 10.29 "牙势数字人"的相关示例

通过个性化的数字人形象和声音定制，商家可以在直播中实现品牌化，吸引更多的用户观看直播，并引导他们从线上参与转向线下消费。在餐饮、美容、健身等行业，数字人可以作为虚拟代言人，介绍服务内容，吸引用户参与线上互动并引导他们到线下体验；在文化旅游推广领域中，数字人可以作为虚拟导游，介绍旅游景点、文化背景，吸引用户关注并参与线下旅游活动。

本章小结

本章首先介绍了小红书的养号技巧，包括什么是养号、哪几个阶段需要养号和如何养号等方面的要点；然后介绍了小红书的引流技巧，包括使用账号信息、打卡功能、置顶笔记等方式引流；接着介绍了小红书的 4 种变现渠道，包括品牌合作、直播变现、推广合作和品牌变现等；最后介绍了 AIGC 在小红书引流和变现中的应用。

课后习题

鉴于本章知识的重要性，为了帮助读者更好地掌握所学内容，将通过课后习题，帮助读者进行简单的知识回顾和补充。

1. 请简述小红书的哪几个阶段需要养号？

答：（1）刚注册的新账号。

（2）长期不使用的账号。

（3）点赞、评论出现异常的账号。

（4）有过违规行为的账号。

2. 请简述小红书变现的渠道有哪些？

答：品牌合作、直播变现、推广合作、品牌变现。